일등 국가의 조건

Sekai No Kuni Ichii To Saikaki: Kokusai Josei No Kiso O Shiro
by Jumpei Shin

Copyright © 2010 by Jumpei Shin
First published 2010 by Iwanami Shoten, Publishers, Tokyo.
This Korean edition published 2013
by Yoldaerim Publishing Co., Seoul
by arrangement with the proprietor c/o Iwanami Shoten, Publishers, Tokyo.

일등 국가의 조건

세계는 지금 어떻게 돌아가고 있는가?

신 쥼페이 지음 ㅣ 이언숙 옮김

열대림

일등 국가의 조건

세계는 지금 어떻게 돌아가고 있는가?

초판 1쇄 인쇄 2013년 2월 20일
초판 1쇄 발행 2013년 2월 25일

지은이 | 신 줌페이
옮긴이 | 이언숙
펴낸이 | 정차임
디자인 | 신성기획
펴낸곳 | 도서출판 열대림
출판등록 | 2003년 6월 4일 제313-2003-202호
주소 | 서울시 영등포구 양평동3가 66 삼호 1-2104
전화 | 332-1212
팩스 | 332-2111
이메일 | yoldaerim@naver.com

ISBN 978-89-90989-53-6 03340

과거 역사를 살펴보면 대체로 넓은 국토와 많은 인구를 바탕으로 강력한 군사력과 선진 기술 및 문화를 보유한 대국이 주변국에 강력한 영향력을 행사해 왔습니다.

동아시아에서는 역대 황제들과 이들을 보좌하는 관료조직 체제의 중국이 강한 국력을 자랑하며 주위를 압박해 이른바 '중화질서(中華秩序)', '책봉체제(冊封體制)'라는 질서체제를 형성했습니다. 유럽이나 중동 지역에서도 이러한 대국이 거대한 힘을 갖고 자국을 중심으로 주변 지역에 세력을 확장한 예를 여럿 찾아볼 수 있습니다. 따라서 세계의 실질적인 상황을 이해하기 위해서는 대국이라는 존재의 영향력을 무시할 수 없습니다.

한편으로 현 시대는 '소국(小國)'이 국제적인 파워를 갖기 시작한 시대이기도 합니다.

예를 들면, 이 책의 마지막에도 소개하겠지만, '대인지뢰 금지 조약'이 있습니다. 이 조약은 사람을 살상하는 대인지뢰를 폐기하기 위해 만들어져 각국 정부의 서명을 받아 1999년에 발효한 국제조약입니다. 그리고 이 조약의 성립 과정에서 비정부 조직인 NGO와 함께 벨기에, 오스트리아 등 유럽의 소국들이 큰 역할을 했습니다. 오늘날의 국제사회에서는 안전보장·군사 이외의 분야에서 국가 규모가 작더라도 이들이 국제사회에 영향을 미치고 있다는 사실을 간과할 수 없습니다.

그러나 세계에는 이와 같은 '작은 대국'만 존재하는 것이 아닙니다. 사하라 사막 이남의 아프리카나 남아시아 등지에는 경제적으로 빈곤하여 국민 생활을 유지하는 데 필요한 최소한의 제도조차 마련되지 않아 국민의 평균 수명이 30대, 40대인 국가도 적지 않게 존재합니다. 이러한 국가들 대부분은 지금도 경제 발전의 계기를 찾지 못한 채, 과연 앞으로 발전의 여지가 있을지 미래조차 불투명한 상황에 놓여 있습니다.

이처럼 세계 여러 국가들 사이에는 커다란 '격차'가 있으며, 이는 이 지구에 사는 인류 사회의 큰 특징이기도 합니다.

하지만 우리는 대부분 이와 같은 격차가 존재한다는 사실을 크게 의식하지 못한 채 살아가고 있습니다. 동아시아의 일각에 사는 우리, 일본인과 한국인들은 풍요로운 사회에서 살고 있습니다. 두 나라 모두 2008년의 리먼 브라더스 사태 이후, 경제가 침체를 보이기도 했으나 높은 '국민 1인당 GDP(국내총생산)'를 자랑하는 선진국입니다. 이처럼 풍족한 나라에 사는 우리에게 세계 최빈국에 관한 이야기가 먼 나라 이야기로만 들리는 것도 무리는 아닐 것입니다.

이 책을 저술하게 된 계기 가운데 하나는, 독자 여러분과 함께 세계에 존재하는 다양한 문제점과 과제에 대해 생각해 볼 필요를 느꼈기 때문입니다. 당연한 일일지도 모릅니다만, 인간은 자신이 모르거나 잘 모르는 일에 뛰어들어 변화를 일으키려는 생각은 별로 하지 않습니다. 그러나 일단 알게 되면 그 시점에서 무언가 변화가 시작될지도 모릅니다.

물론 이 책의 목적은 독자 여러분에게 행동에 나서도록 독려하기 위한 것이 아닙니다. 하지만 지금 세계가 처한 상황을 이해하고 이를 통해 "과연 이대로 좋은가?"라는 질문을 자신에게 던지는 '작업'이야말로 풍요로운 사회에 사는 우리에게, 격동의 21세기를 살아갈 우리에게 어떤 의미에서 필요한 일이기도 합니다.

이 책이 여러분에게 지구라는 이 세계에 대해, 그리고 인류의 안녕과 평화에 대해 생각해 볼 수 있는 계기가 된다면 더 바랄 것이 없겠습니다.

2013년 1월
신 줌페이

세계에는 실로 다양한 국가들이 존재한다.

'면적'으로 말하면, 한 국가가 세계 육지 면적의 약 13퍼센트를 차지해 남미 대륙 전체와 맞먹는 러시아에서부터, 불과 0.44평방 킬로미터인(정방형으로 고치면 한 변이 700미터도 되지 않는) 유럽의 아주 작은 국가까지 다양한 국가들이 있다. 그러나 큰 러시아나 아주 작은 국가나 모두 외국으로부터 간섭을 받지 않는 독립적인 '주권국가'라는 점은 다르지 않다.

그리고 '군사력' 면에서 보아도 그 양상은 천차만별이다. 미국 처럼 거액의 군사비를 사용하고 거대한 전력을 유지하면서 최첨단 무기를 계속 개발하는 국가가 있는 반면에, 군사력을 완전히 포기한 중미나 유럽의 국가도 있다. 왜 이와 같은 차이가 존재하는 것일까?

이 책에서는 아홉 가지 항목을 골라, 항목별 1위와 최하위 국가를 비롯해 상위와 하위 국가들을 소개하고자 한다. 그러나 단순히 상위와 하위 국가의 이름을 제시하는 것이 아니라 그러한 상황이 생긴 역사적 배경과 현상, 지금의 문제점이나 과제까지도 설명하고자 한다. 또한 가능한 한 향후 예상되는 상황 등에 대해서도 살펴볼 것이다.

나아가 최근의 변화도 알아보려 한다. 예를 들면 '빈곤률'과 관련해서 최근 가난하다고 하는 아프리카 안에서도 경제 성장을 시작한 국가들이 등장하고 있다. 그런 반면 후발 개발도상국에 사는 '최저변의 10억 명'이라 불리는 사람들의 생활은 여전히 성장과는 거리가 멀기만 하다. 이러한 상황에 대해서도 생각해 보고자 한다.

이와 같은 작업을 통해 이 책에서는 지금 세계가 어떻게 돌아가고 있는지, 그리고 앞으로는 어떻게 변해갈 것인지, 우리가 사는 사회나 국제사회를 우리는 어떻게 이끌어야 하는지 등에 대해 이해하고 생각해 보는 계기를 제공하고자 한다.

신 줌페이

차례

2부 사회

3부 면적과 인구

1 부
경제, 정치

1장 국내총생산

서기 1년 이후의 GDP

인류 사회는 경제가 매우 중요한 역할을 담당하고 있다.

필요한 것이나 도움이 될 만한 것을 자연에서 얻거나 만들어내 이를 유통 경로를 통해 원하는 소비자에게 제공한다. 선사시대의 물물교환에서 시작된 이러한 경제 구조는 인류의 생존을 위해 어느 시대에나 불가결한 것이었다.

따라서 먼저 이와 같은 경제, 구체적으로는 국가 단위로 본 GDP(Gross Domestic Product, 국내총생산)의 규모를 고대로 거슬러 올라가 살펴보고자 한다. GDP란 GNP(국민총생산)에서 해외로부터의 순소득을 뺀 것이며, 어느 한 나라의 순전한 국내 경제활동의 지표로 사용된다. 한 나라의 모든 경제 주체가 일정 기간 동안에 생산한 재화와 용역의 부가가치를 금액으로 환산하여 합계한 것으로 각 부문의 생산활동은 물론 소비, 투자, 수출 등 수요 동향까지도 살펴볼 수 있는 종합적인 지표이다. GDP 수치가 낮을수록 국가 전체가 가난하다는 의미가 되기도 한다.

고대에는 아시아와 유럽의 줄다리기라는 매우 흥미로운 상황이 전개된다.

서기 1년부터 시작된 일이다. 네덜란드 플로닝겐 대학의 앵거스 매디슨 명예교수에 따르면, 이 시기에 세계에서 GDP가 가장 높은 국가는 인도였다고 한다. 인도의 GDP는 전세계의 약 33퍼센트를 차지하였다.

같은 시기 중국은 전한(前漢) 시대 말기였는데, 한왕조의 GDP 역시 전세계의 26퍼센트로, 이 또한 매우 높은 비율을 차지하고 있었다.

한편, 이 시기 유럽의 주요 지역은 로마가 지배 중이었다. 로마는 이때를 전후하여 아우구스투스가 초대 황제가 되어 공화제에서 제정(帝政)으로 서서히 이행하는 시기였다. 당시 제정이 실시되었으나 아우구스투스는 자신을 '프린체프스'(시민 중 제1인자)라고 부르는 등, 황제가 절대 권력을 장악한 로마 제국 후기나 후기

제정시대의 황제와는 다른 면면을 많이 보여주어 흥미로운 부분이 많다. 그런 로마의 GDP는 한왕조와 비슷하거나 그보다 약간 적은 정도가 아니었을까 추정된다.

즉 서기 1년 당시, 세계의 GDP 대부분이 인도, 중국, 로마라는 3대 초강대국의 지배 지역에 집중되어 있었다.

일본의 GDP는 당시 세계의 1.2퍼센트 정도였을 것으로 보인다. 이 시기는 일본이라는 국가가 등장하지 않은 시기이므로, 이 숫자는 당시 일본열도에 있던 여러 소국의 GDP를 합친 것으로 보아야 할 것이다.

이후 로마는 395년에 동서로 분열하였고, 유럽의 주요부를 지배한 서로마 제국이 476년을 전후해 멸망함으로써 유럽을 통합하던 국가가 사라졌다. 800년에는 프랑크 왕국의 샤를마뉴가 대관식을 올리고 '서로마 제국의 후계자'임을 천명했다. 그러나 프랑크 왕국은 프랑스, 독일, 이탈리아, 베네룩스 3국(벨기에, 네덜란드, 룩셈부르크) 등의 지역을 지배하는 정도로, 서로마 제국의 지배 판도보다는 크지만 로마의 지배 지역에 비하면 그 영토는 협소하였다. 또한 프랑크 왕국은 샤를마뉴가 사망하자 얼마 지나지 않아 분열되었다.

한편 동로마 제국은 12세기 후반 이후 거의 쇠락하여 그 영토도 서서히 감소하다가 15세기에 멸망했다.

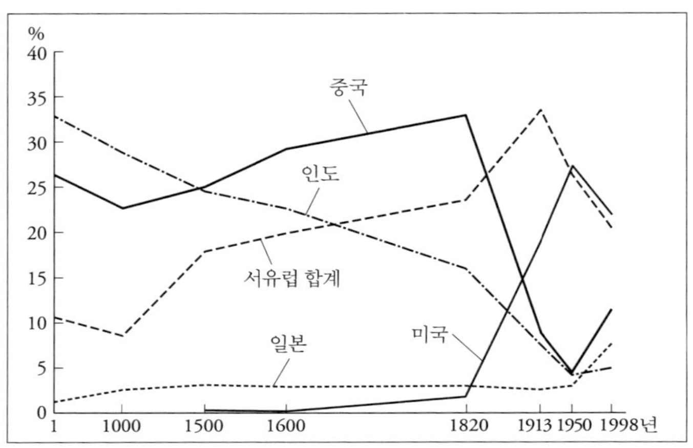

세계 주요국과 지역의 GDP 추이. 세계사의 GDP 변천을 통해 아시아와 유럽 사이에 줄다리기가 있었다는 것을 알 수 있다. 참고로 고대 로마의 GDP는 그 판도가 유럽 주요부에서 중동의 일부, 북아프리카에까지 이르기 때문에 이 그래프에는 표시하지 않았다.

1000년, 1500년 시점의 GDP를 살펴보면, 이와 같은 상황에 따른 영향이 나타나고 있음을 알 수 있다. 인도, 중국 모두 세계 GDP의 약 25퍼센트를 차지하는 한편, 유럽은 소국으로 분열되어 인도나 중국에 필적할 만한 대국이 존재하지 않았다.

그러나 그후 유럽의 GDP 비율이 증가하는 한편, 아시아의 GDP 비율은 조금씩 감소해 간다.

세계 GDP에서 차지하는 인도의 GDP 비율을 살펴보면, 1600년, 1820년, 1913년, 1950년에 23퍼센트 → 16퍼센트 → 8퍼센트 → 4퍼센트로 감소하였다. 중국 역시 같은 시기에 29퍼센트 →

33퍼센트 → 9퍼센트 → 5퍼센트로, 점차 그 지위가 낮아지고
있다.

유럽과 미국

　　　　한편, 서유럽 각국의 GDP 합계는 같은 시기에 20
퍼센트 → 24퍼센트 → 34퍼센트 → 26퍼센트로 변화를 보인다.
　수치가 늘어난 시기는 18세기 이후 유럽에서 산업혁명이 일어
나 경제가 발전한 것과 관련이 있다. 1913년부터 1950년 사이에
8포인트 감소한 것은 두 차례의 세계대전으로 유럽 각국의 국토
가 황폐해진데다가 유럽을 대신하여 미국이 대두했기 때문이다.
유럽이 유럽연합(EU)을 결성한 배경에는 상대적 기반 침하라고
할 수 있는, 이와 같은 상황의 변화가 자리해 있었다.
　미국의 GDP는 1600년 당시, 세계 GDP의 불과 0.2퍼센트를
차지하는 정도였다. 그러던 것이 영토를 확대하고 산업혁명을 진
행하면서 GDP도 급속하게 증가하였다. 1820년에는 세계 GDP의
2퍼센트 정도였지만, 1913년에는 19퍼센트, 1950년에는 27퍼센
트 이상으로 증가하였다.
　일본은 서기 1000년 이후 2퍼센트 대에서 4퍼센트 대를 오르내
리고 있었다. 그러나 제2차 세계대전이 끝나고, 1955년 이후의 고

도 성장기에 들어서면서 GDP가 급증하여 세계 GDP의 8퍼센트를 차지할 정도도 성장하였다. 1990년대에는 15퍼센트를 넘은 시기도 있을 정도였다.

미국의 경제

그럼 현재 GDP가 가장 높은 미국에 대해 살펴보자.

2007년, 미국의 GDP는 13조 7,514억 달러였다. 이 수치는 2007년 세계 GDP의 총액 54조 5,838억 달러의 약 25퍼센트를 차지할 만큼 높은 비중이다.

미국의 경우, 금융업과 IT 산업, 의약품 제조업, 항공·우주 산업, 군수 산업과 같은 최첨단 기술을 활용한 산업에서부터 각종 서비스 산업, 나아가 농업 등 제1차 산업까지 활발하다. 또 미디어 산업과 영화·음악 등의 오락 산업 역시 다른 국가의 추종을 불허할 정도로 큰 영향력을 발휘한다. 그 배경에는 광대한 국토와 세계 3위의 인구 규모, 각국에서 우수한 인재를 불러들이는 구조, 뛰어난 기술력과 기업의 경영 능력 등을 꼽을 수 있다.

미국의 역사를 돌아보면, 19세기 이후 100년 조금 넘는 짧은 기간에 경제 규모가 급속하게 확대되었음을 알 수 있다.

사실 미국의 GDP가 세계 1위에 오른 것은 19세기 말이다. 자료에 따르면, 제1차 세계대전이 시작되기 전 해인 1913년 시점에 이미 미국의 GDP는 세계 전체의 19.1퍼센트를 차지하였다. 이는 2위인 중국 8.9퍼센트, 3위인 독일 8.8퍼센트, 4위인 영국 8.3퍼센트와 비교하면 2배 이상의 규모에 해당한다.

미국 경제가 20세기에 일어난 두 번의 세계대전을 통해 확대되어 제2차 세계대전 후에 세계 1위에 오른 것으로 보는 사람도 많지만 온전히 맞는 말은 아니다. 분명 미국의 경제는 두 번의 세계대전이 가져온 전쟁특수를 통해 비약적으로 발전했다. 또한 미국의 참전이 두 번의 세계대전에서 승패를 가르는 중요한 역할을 담당했기 때문에, 전후 국제사회에서 미국의 발언권이 현격하게 강해진 것 역시 사실이다. 그러나 경제 규모와 관련해서는 제1차 세계대전이 시작되기 훨씬 이전부터 이미 세계 1위의 초강대국이었던 것이다.

급격한 발전과 부정적 여파

미국 경제의 급성장을 지탱한 것은 수많은 발명과 발견이다. 19세기 후반부터 20세기 초의 주요한 발명과 발견은 다음과 같다.

1859년   펜실베이니아 서부 지역에서 거대한 석유 광맥 발견

1868년   타이프라이터 생산 개시

1875년   냉동화차 사용 개시

1876년   전신전화기 탄생

1877년   축음기 완성

1879년   휘발유차 기술에 대한 특허 수여

1882년   뉴욕에 있는 발전소에서 발전 개시

1901년   라이트 형제, 최초로 비행기 완성

그리고 이와 같은 기술을 누구보다 일찍 활용하여 자신이 소유한 기업 발전에 응용하려는 열정적인 기업가들이 많이 존재했다는 것도 미국의 발전을 뒷받침하였다.

바로 그 전형이 철강왕 앤드류 카네기, 거대 금융 그룹을 만든 J. P. 모건, 거대 석유 다종시장기업(多種市場企業, Conglomerate)을 구축한 존. D. 록펠러와 같은 대자본가들이다. 이들은 신기술에 누구보다 빠르게 눈을 돌려 막강한 자금을 투자하고 많은 공장을 건설했으며 철도망을 매입했다.

그러나 이에 따른 폐해도 있었다. 주요 산업을 대부분 거대 기업이 장악해 지배하는 이른바 '독점'이라는 문제가 돌출된 것이다. 예를 들면, 1901년에 합병을 통해 탄생한 US 스틸이라는 회사는 국내산 철강 시장의 무려 60퍼센트를 지배했다. 그리고 록펠

러가 경영한 회사인 뉴저지 스탠더드 오일은 전미 석유·석유제품 시장에서 3분의 2에서 4분의 3을 지배하였다. 철강이나 석유와 같은 경제의 기간 상품을 한 회사가 이 정도로 시장 점유했다는 것은 상당히 이례적인 일이다. 오늘날이라면 규제의 대상이 되었을 것이다.

또한 이 시기에는 가혹한 직장 환경에 고통스러워하는 공장 노동자들에 의한 파업도 빈발했다.

한편 1908년에는 포드 사에서 세계 최초로 대중을 위한 자동차인 'T형 승용차(T형 포드)'를 내놓았다. 포드 사는 자사 사원들에게 이 차를 구입하도록 하기 위해서도 사원의 임금을 대폭 인상했다. 이와 같은 시도로 T형 승용차는 엄청난 베스트셀러가 되어, 미국의 자동차 문화, 나아가 소비문화를 크게 꽃피우는 계기가 되었다.

이처럼 시장의 독점이 계속 진행되고 규모도 확대된 미국 경제는 부정적 여파와 번영이 교착상태에 빠지게 된다. 그렇지만 이 시기부터 미국의 경제 성장은 더욱 박차를 가해 달려간 것은 분명하다. 그리고 이때의 성장을 지탱했던 국토와 인구 규모, 우수한 이민자를 불러모으는 제도, 기술력과 경영 능력과 같은 미국의 강점은 대부분 그대로 남아 오늘날 미국의 번영을 가져온 것이다.

제2의 경제 대국, 중국

2010년, 세계 GDP 순위에 커다란 변화가 일어났다.

지금까지 세계 제2위의 규모를 자랑하던 일본을 제치고, 눈부신 성장을 보인 중국이 그 자리를 차지한 것이다.

앞에서도 소개했듯, 중국은 2,000여 년 전부터 세계의 대국이라는 지위를 차지해 왔다. 그 배경에는 거대한 국토와 많은 인구, 국가를 통치·유지하기 위한 대규모 관료기구와 군대가 있었다. 그리고 세계 최고 수준의 과학기술과 문화를 보유하고 있었다는 점도 간과할 수 없다. 나침반이나 화약, 활판 인쇄기는 '르네상스의 3대 발명'으로 유럽에서 발명되었다고도 하지만, 사실 화약은 중국에서 발명되었다. 또한 르네상스보다 수백 년 정도 먼저 자석을 물에 띄우는 습식 나침반, 목판 인쇄술을 발명했다. 종이도 고대 중국의 발명품이다. 중국은 전통적으로 고도의 기술 수준과 거대한 경제 규모, 강력한 군사력을 자랑하던 국가였다.

이와 같은 상황에 변화가 온 것은 청왕조 후반부터이다. 이 시기에 청왕조는 쇄국정책을 펼치면서 발전이 뒤처지기 시작해 조금씩 쇠퇴하기 시작한다. 중국의 이러한 쇠퇴에 더욱 가속을 붙인 것은 유럽의 열강들이었다. 유럽 열강들은 1840년에 시작된 아편전쟁 등을 통해 불평등한 조약 체결을 강요했다. 이런 와중에 홍

콩이 영국에 할양되었고, 상하이와 광주 등의 도시가 개항되었다. 이후 1894년에는 청일전쟁까지 일어났다. 일본은 이때부터 서서히 중국 진출을 본격화하였고, 이윽고 중국 각지에 심각한 피해를 야기한 중일전쟁이 발발하였다. 이처럼 각국의 개입은 중국의 경제와 사회에 엄청난 피해를 초래하였다.

더구나 제2차 세계대전이 끝나자 공산당과 국민당 사이에 나라를 둘로 나누는 내전이 일어났으며, 결국 중국 공산당이 이끄는 국가 체제가 등장하였다. 이렇게 등장한 국가의 경제는 사회주의를 기본으로 하는 것이었지만 도중에 갖가지 모순이 드러났다.

여기서 방향을 전환하여 중국이 급속한 성장을 시작한 계기가 된 것은 최고 지도자인 덩샤오핑(鄧小平)이 1978년에 시작한 '개혁 개방 노선'이다.

이 시기에 덩샤오핑은 정치면에서 사회주의와 공산당이 지도하는 체제를 유지하면서, 경제면에서 자본주의 요소를 도입한 유연한 정책을 전개하였다.

예를 들면, 한 특정 지역에 '경제특구'를 조성하여 그곳에 외국의 자본을 적극적으로 유치하는 등 당시까지 볼 수 없었던 정책을 실시한 것이다. 또한 농촌에는 효율이 떨어졌던 '인민공사'를 해체하고 가족 단위의 농업도 가능하도록 조치하였다.

이와 같은 정책은 사람들에게, 열심히 일하면 그만큼의 소득을 얻을 수 있다는 의식을 심어주었다. 이에 따라 중국의 경제 규모를 보여주는 GDP가 비약적으로 성장하기 시작했다. 그 기세는, 1991년 이후 경제 성장률이 매년 10퍼센트 전후를 기록할 정도로 거셌다.

이러한 성장세가 계속된다면 2050년에 이르러 중국의 GDP는 미국을 추월하여 세계 1위에 오를 것이라는 예측도 있다. 현재 중국 경제는 분명 이러한 전망이 무색하지 않을 정도로 기세를 올리고 있다.

다만 중국 경제에는, 뒤에 9장에서 더 자세히 다루겠지만, 앞으로 고령화 문제가 큰 과제로 작용하게 될 것이다. 이 문제를 제대로 해결하지 못한다면 중국의 성장에도 검은 그림자가 드리우게 될 것이다. 인구 문제는 중국에 그만큼 크고 중요한 과제이다.

EU의 존재

이어서 유럽연합(EU)에 대해 알아보자. 대개 EU라는 명칭만 들으면 그 이미지가 분명하게 떠오르지 않을 수 있겠지만, 사실 이 EU라는 조직은 21세기의 세계를 살펴보는 데 간과할 수 없는 거대한 존재이다. 그러므로 EU에 대한 설명은 좀더 자세히 살펴보기로 하겠다.

그럼 먼저, EU란 무엇일까? 아주 간단하게 말하면, 유럽 주요 국가가 가입한 연합체라고 할 수 있다. EU 가입국은 영국과 프랑스, 이탈리아 등 주요 선진국은 물론, 구 동유럽권의 체코와 헝가리, 루마니아 등 27개국이다.

EU에 가입한 국가는 오늘날 '유럽'의 대명사이기도 한 EU의 일원으로서 세계의 인정을 받고 있다. 다시 말해 이들에게는 EU 가입국이라는 '브랜드 가치'가 생길 정도이다. 유럽에는 작은 국가가 많으며 이들 국가들은 국제사회에서 그다지 큰 발언권이 없다. 그러나 EU 전체의 의견이라면 어느 국가도 이를 무시할 수 없다. 이 역시 유럽 각국에게는 대단히 매력적이다.

이뿐이 아니다. EU 권역 내에서는 사람, 물자, 서비스, 그리고 돈이 자유롭게 이동할 수 있도록 보장하고 있다. 덕분에 가입국은 EU 경제의 일원으로서 광범위하게 경제활동을 펼칠 수 있다.

예를 들면, EU 권역 내 국가끼리 상품을 수출입할 경우 관세가 필요 없다. 또한 가입국 국민이 권역 내 다른 국가에 살고 싶으면 어디든 이사해 살 수 있다. 이처럼 EU 권역 내 국가들은 하나의 경제권을 형성하여 권역 내에서 물자나 서비스, 사람의 이동이 활발하다.

서방 선진국들이 인건비가 저렴한 구 동유럽 국가에 공장을 세워 상품을 제조하는 풍경은 이미 일상적인 광경이 되었다. 이탈리

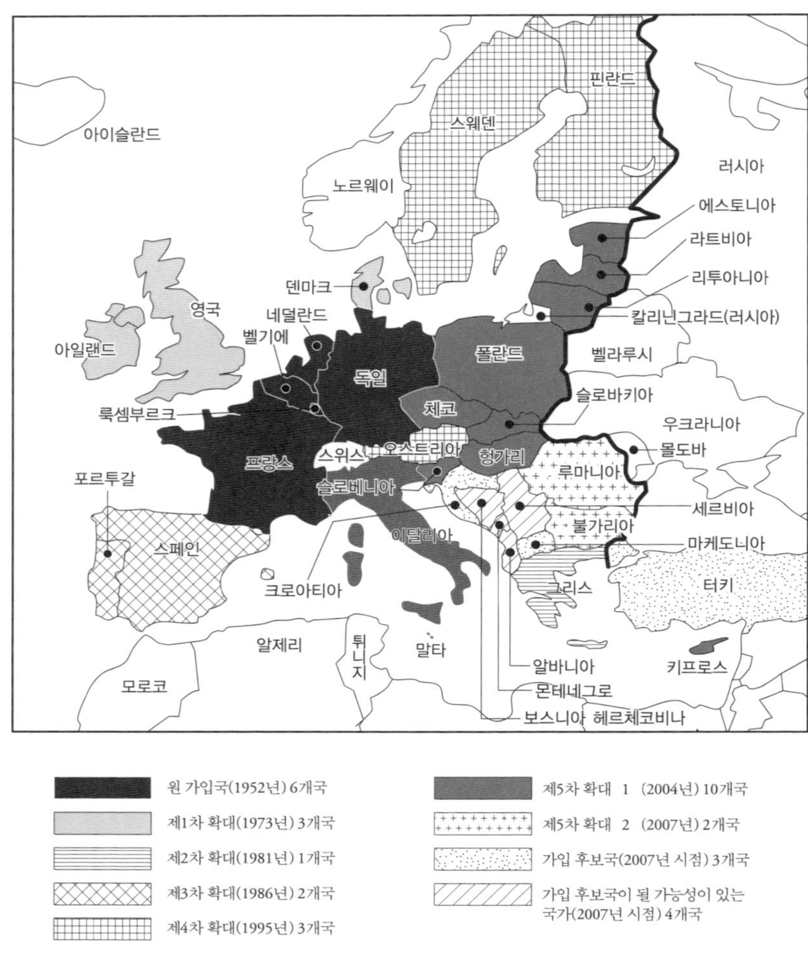

현재 EU 가입국과 확대. 1952년에 6개국으로 시작된 유럽 석탄철강 공동체는 이후 몇 차례에 걸쳐 확대되면서 27개 국가가 가입한 현재의 EU로 변모하였다.

아나 프랑스의 아팔레르 사가 루마니아에서 옷을 만들거나, 미국에 본사를 둔 다국적 거대 전기회사가 헝가리에 오퍼레이션 센터를 두고 유럽 각국에 있는 세일즈맨의 업무를 지원하는 등, 이와 같은 사례를 많이 찾아볼 수 있다.

공장이나 콜 센터를 세우는 정도의 일은 일본 기업도 중국이나 동남아시아 등지에서 시행하고 있지만 EU 권역 내에서는 훨씬 큰 규모로 시행되고 있으며, 더구나 공장이나 콜 센터 업무뿐 아니라 본사 업무를 지원하는 한층 전문성이 높은 업무까지 다른 국가에 이전하는 예도 눈에 띈다.

하나가 되어가는 경제

또한 영국 등 일부 국가를 제외한 EU 가입국 대부분은 다른 가입국과의 국경에서 여권 체크나 세관 검사를 폐지했다. 이는 '쉔겐(Shengen) 협정' 조약에 근거한 것으로, EU에 가입하지 않은 스위스, 노르웨이 등도 이 조약에는 가입하였다. 이처럼 국가 간에 자동차나 철도, 항공기 등을 이용해서 어떠한 장애도 없이 왕래가 가능하므로, 그만큼 국경이라는 의미가 퇴색해 갈 것이다.

그리고 EU가 경제적으로 계속 하나가 되어가고 있음을 보여주는 예가 바로 통합 화폐인 유로화의 존재이다. 이는 2002년 1월 1일부터 일반인들도 유통에 참여한 새로운 화폐이다(은행 등에서의 결재용으로는 1999년 1월부터 사용하였다).

2010년 7월 현재, 유로를 사용하는 국가는 16개국에 이른다. 영국과 스웨덴 및 덴마크, 그리고 EU 비가입국인 노르웨이, 스위스를 제외하고 유럽의 주요 선진국은 대부분 유로를 사용한다. 지금까지 화폐는 그 나라의 정부가 발행하여 그 나라에서만 사용하는 것이 일반적이었다.

유로를 사용하는 국가끼리는 '환율 시세'의 변동이라는 상황을 걱정할 필요가 없다.

다른 통화, 예를 들면 엔이나 달러의 경우, 1달러에 86엔 80전 혹은 87엔 25전으로 그날 그날 교환 환율이 바뀐다. 이는 '환율 시장'이라는 곳에서 기관 투자가나 개인 투자가 등이 회사의 주식과 마찬가지로 엔이나 달러를 매매함으로써 형성되는 현상이다. 이는 무역을 하는 기업에게는 중요한 문제이다.

예를 들면 일본에서 상품을 수출하려는 기업의 경우, 엔화가 올라가면 그만큼 해외통화 가격도 상승하여 해외 소비자가 일본 상품을 구입하기가 부담스러워지고 결과적으로 그 회사는 상품을 수출하기가 어려워진다. 물론 엔화가 내려갈 때도 있지만 환율의 변동에 따라 이익이 크게 좌우되는 상황은 회사의 실적 향방이 그만큼 불투명해질 수 있음을 의미한다. 이처럼 환율 시세는 해외와 거래를 하는 기업에게는 사활이 걸린 문제이기도 하다.

이에 반해, 유로를 사용하는 국가끼리는 환율 시세를 걱정할 필요가 없다. 그 때문에 유로를 사용하는 국가의 기업은 유로를 사용하는 국가의 기업과 거래를 할지, 유로를 사용하지 않는 국가의 기업과 거래를 할지 선택해야 하는 경우, 그 밖의 조건이 같다면 유로를 사용하는 국가의 기업과 거래를 할 가능성이 높다. 그만큼 유로를 사용하는 국가 사이에는 무역 등이 활발해진다.

유로 사용의 대가

다만 유로 사용 대열에 합류하기 위해서는 대가를 지불해야 한다.

유로 발행과 그 관리는 각국의 중앙은행이 아니라 유럽 중앙은행(ECB)에서 담당한다. 이로 인해 각국 정부는 자국의 경제에 대한 정책적 대응을 취하는 데 어려움을 겪는다.

예를 들면 지금까지 한 국가에서 경기가 나빠지면 기업이 공장 등을 짓기 쉽도록 은행에서 저금리로 자금을 빌려주는 정책을 취할 수 있었다. 그러나 ECB는 유로권 전체의 경제 정책을 관리하기 때문에 개별 국가의 상황에 부합되지 않는 정책을 취하는 상황이 발생할 수 있다.

앞에서 언급하였듯이, 한 국가에서 경기가 나빠져도 다른 국가들에서는 오히려 경기가 지나치게 좋아져 물가가 급상승하는 경우, ECB는 경기 과열을 막기 위해 금리를 올릴 가능성이 있다.

이처럼 유로권에서는 그 경제 정책 역시 전체 상황을 고려한 정책이 되기 때문에, 각각의 유로 사용 국가의 경제에 마이너스가 되는 정책을 선택하는 경우도 있다.

이와 같은 일이 발생할 수도 있어서 영국이나 스웨덴은 지금까지 유로를 사용하지 않고 있다. 또한 2009년부터 2010년에 걸쳐 그리스의 누적 채무가 원인이 되어 '유로화 위기'라는 사태까지 발생하였다.

한편 발트 3국 중 하나인 에스토니아는 2011년 1월부터 유로권에 참여하였다.

전체적으로 보면, EU에 가입함으로써 그 국가의 경제가 활성화되는 것은 분명하다. 그 때문에 현재도 EU에 가입하고자 신청을 하는 국가가 많다.

그 가운데 터키나 구 유고슬라비아의 마케도니아, 크로아티아는 이미 가입 후보국에 이름을 올렸다. 그리고 2009년 12월에는 구 유고슬라비아의 세르비아도 EU 가입을 신청한 것으로 밝혀졌다. 일찍이 보스니아 분쟁 등을 둘러싸고 EU와 적대관계였던 세르비아와 EU 사이에 가입을 위한 교섭이 앞으로 시작될 가능성이 있다.

EU는 1993년 11월에 당시까지의 유럽 공동체(EC)를 계승하여 12개국으로 출발하였다. 그후 1995년 1월에 오스트리아, 핀란드, 스웨덴이 가입하였고, 2004년 5월에 구소련권이나 동유럽권의 국가 10개국이, 2007년 1월에는 불가리아와 루마니아가 새로이 가입하였다. 이와 같은 EU의 확대 흐름은 앞으로도 계속될 것으로 보인다.

거대한 EU 경제

현재 EU는 경제뿐 아니라 매우 많은 분야를 관할하고 있다.

그래서 EU에는 그 산하에 많은 기구가 있다. 유럽 위원회, 유럽 의회, 유럽 이사회, 각료 이사회, 유럽 사법재판소, 유럽 중앙은행(ECB), 유럽 투자은행 등과 같은 기구가 그것들이다.

이 가운데 '유럽 위원회'는 일반 국가 기구에 견주어 보면 내각과 행정기관을 합쳐놓은 것과 같은 존재로, 약 3만 명의 소속 공무원이 있는 거대한 조직이다.

'각료 이사회'는 외교나 경제·재정, 농업, 환경 등 분야별로 EU

가입국의 담당 각료가 참여하여 활동하는 모임이다. 여기에서 EU의 행동을 결정한다.

한편 '유럽 이사회'는 EU 가입국의 대통령이나 수상 등, 각국의 수장과 유럽 위원회의 위원장으로 구성된 모임이다. 이 모임에서는 EU의 정책에 대한 대체적인 합의가 이루어진다.

2009년 12월에 리스본 조약이 발효하였는데 이 조약의 핵심 중 하나가, 이 유럽 이사회에 '상임의장'직을 설치한 것이었다. 지금까지는 가입국의 대통령이나 수상이 6개월마다 돌아가면서 의장직을 맡았지만, 이를 개정하여 임기 2년 6개월의 상임의장직을 마련하였다. 상임의장은 '대통령'이라고도 불린다. 초대 대통령은 벨기에의 수상을 지낸 헤르만 반 롬푀이(Herman A. Van Rompuy)이다.

리스본 조약에서는 이와 동시에 EU의 외교장관이라고 할 수 있는 '외무·안정보장 정책 상급 대표'라는 직책을 설치하여, 영국 출신의 정치가인 캐서린 애슈턴을 초대 대표로 선출하였다.

EU에는 의회도 있다. 바로 '유럽 의회'이다. 각국에서 선거를 거쳐 선출된 의원으로 구성된다. 처음에는 그다지 큰 권한이 없었지만 조금씩 권한이 강화되어 현재는 각료 이사회와 나란히 국회와 같은 역할을 담당한다.

이상이 EU에 대한 개략적인 내용이다. EU에 관해서는 이 밖에

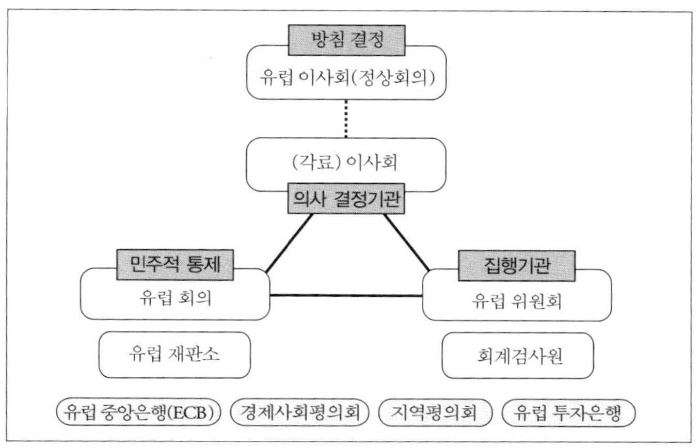

EU 조직도. EU는 약 3만 명의 소속 직원이 있는 '유럽 위원회'를 비롯하여 다양한 조직이 유기적으로 연계해 구성되어 있다.

도 살펴볼 점이 많지만, 여기에서는 이 정도로 마무리하겠다.

EU 전체의 경제 규모, GDP의 총액은 2007년 시점에 16조 8,430억 달러에 이른다. 이는 미국보다도 높은 수치이다. 점점 하나가 되어가는 EU의 경제가 어느 정도의 규모인지 이 수치가 말해주고 있다.

브릭스와 차기 11

향후의 세계 경제를 살펴보면, 21세기의 주역 중 하나로 도약할 국가는 이 밖에도 몇몇 국가가 있다.

예를 들면 남미의 리더인 브라질, 자원 대국인 러시아, 중국에 필적할 인구 대국인 인도 등이 그들이다. 이들 국가에 중국을 더한 4개국을 국가명의 머리글자를 따서 '브릭스(BRICs)'라고 부른다. 이들 모두 인구와 자원, 기타 산업 기반 등 경제 발전을 위한 다양한 요소를 갖추고 있어 앞으로 커다란 성장이 전망된다.

다만 러시아의 경우, 2008년 여름의 세계 금융 위기 영향에서 아직 벗어나지 못하고 있다. 그리고 러시아는 최근 인구 감소가 계속되고 있어 경제에 악영향을 가져올 가능성이 지적되고 있다. 이 때문에 앞으로의 성장·발전 정도는 인구 감소의 영향이 얼마나 심각해질지 여부에 달려 있다고 할 수 있다.

이 밖에 경제적 약진이 전망되는 국가로서 '차기 11'이라 불리는 11개국을 들 수 있다. 이는 아시아의 이란, 인도네시아, 한국, 파키스탄, 방글라데시, 필리핀, 베트남, 터키(터키는 EU에 가입을 신청하는 등 유럽의 일원이라는 인식도 있다), 그리고 아프리카의 이집트, 나이지리아, 나아가 중미의 멕시코 등을 말한다. 이들 모두 인구 규모가 크며 경제 발전의 가능성을 내재하고 있는 국가들이다.

경제 규모가 가장 작은 국가

이번에는 경제 규모가 가장 작

은 국가에 대해 알아보자.

인구가 가장 적은 바티칸이라고 생각하는 사람이 많겠지만 그렇지 않다. 세계에는 경제 규모가 더 작은 국가가 있다. 외무성이 발표한 자료에 따르면, 그 나라는 중부 태평양에 위치한 투발루와 나우루로, 2008년의 국민총소득(GNI)이 약 3,000만 달러이다. GNI는 GDP에 해외 노동자들이 송금한 것을 더한 경제 지표로, 개발도상국의 경제 규모를 나타내기 위해 종종 활용된다.

이 액수는, 9장에서 자세히 소개하겠지만, 바티칸 시국의 2007년도 세입 3억 7,197만 달러의 10분의 1 이하이다. 바티칸 시국의 GNI나 GDP는 알려져 있지 않지만 실제 세입이 공표된 금액보다 많을 것으로 추정되는 것으로 보아 분명 상당한 규모일 것이다. 그리고 바티칸 시국에는 이를 생산하는 국민 수가 불과 800명 정도이다.

이에 반해 투발루나 나우루의 인구는 약 1만 명 안팎으로, 한 사람 당 GNI는 나우루가 3,400달러, 투발루가 3,200달러에 불과하다.

양국 모두 면적이 20평방킬로미터 대에 머무는 초소형 국가로, 근대적인 산업이 발달하지 못하여 농업·어업 등을 중심으로 한 자급자족에 가까운 경제라는 공통점을 지니고 있다.

나우루에서는 인광석이 계속 고갈되고 있어 경제가 어려움을

겪고 있는 상태이고, 투발루의 경제 역시 마찬가지 과제를 안고
있다.

투발루 정부의 재원 대부분은 출어료(出漁料)와 해외에서 일하
는 사람들의 송금으로 충당하고 있는데, 이것만으로는 모든 세출
을 감당하지 못한다. 그래서 1987년에 투발루 정부와 영국, 오스
트레일리아, 뉴질랜드 등 4개국이 자금을 출자하여 '투발루 신탁
기금'을 설립, 해외 국채와 각종 채권 등을 매입해 운용하고 그 운
용 이익을 세출로 돌렸다. 그러나 이는 국가 재정의 일부가 금융
시장의 영향을 쉽게 받게 된다는 것을 의미한다. 실제로 2001년
에는 운용 성적이 마이너스가 되어 투자한 자금보다 회수된 자금
이 줄어드는 사태를 맞기도 하였다.

투발루는 오늘날의 키리바시 일부인 길버트 제도와 함께 '길버
트 엘리스 제도'로서 오랫동안 영국의 관리 아래 있었다. 1892년
에 주민들이 내정을 담당하는 '보호령'이 되었고, 1915년에는 영
국이 내정까지 관리하는 '식민지'가 되었다. 그리고 1975년에 길
버트 제도와 분리되어 투발루가 되었으며, 1978년에 독립했다.

상투메프린시페

투발루, 나우루 등 두 나라에 이어 경제 규모

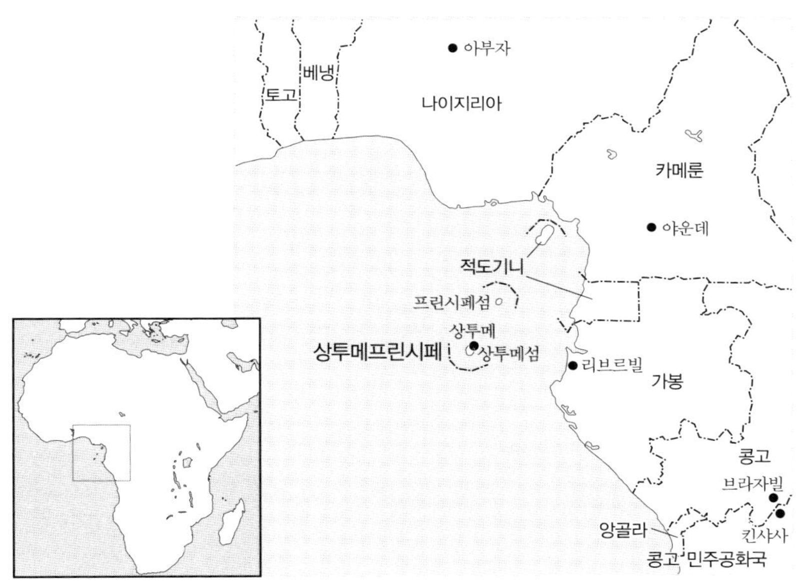

상투메프린시페. 최근 석유가 발견되었으나 현재는 카카오 열매나 커피 수출에 의존하는 경제 구조를 보이고 있다.

가 작은 나라는 아프리카의 상투메프린시페이다. 이 나라는 기니만에 있는 섬나라로, 수도인 상투메는 해안 반대편에 있는 가봉의 수도 리브르빌에서 300킬로미터 정도 서쪽에 위치해 있다. 면적은 도쿄 도(東京都)의 절반 정도인 약 960평방킬로미터이고, 인구는 약 16만 명 정도이다.

그리고 GNI는 약 1억 6,000만 달러이고, 국민 한 사람 당 GNI는 약 1,000달러이다.

상투메프린시페는 수출품의 대부분을 카카오 열매와 커피가 차지하는 전형적인 구 식민지형 경제 구조를 갖고 있다. 이 나라는 15세기 후반에 포르투갈 인이 들어오기 시작하면서 서서히 식민지화 되어갔으며, 1975년 독립할 때까지 그 지배를 받았다.

그 과정에서 카카오 열매와 커피 재배가 추진되어 경제 전체가 이에 의존하는 형태로 변모하였다. 반면에 이 나라에서는 필요한 만큼 식량을 생산하지 못해 대량으로 수입을 하고 있다. 이처럼 뒤틀린 사회·경제 구조는 식민지의 잔재이다.

최근, 주변 해역에서 석유 광상(鑛床)이 발견되었다. 현재 이 광구 개발과 관련한 입찰이 시작되어 각국의 석유 관련 기업들이 여기에 참여하고 있다. 석유 채굴이 궤도에 오르면 이 나라의 경제도 호조를 보일 것이다. 그러나, 5장에서 다시 소개하겠지만, 자원국에는 경제 발전을 막는 '천연자원의 함정'도 있으므로 낙

관만 할 수는 없다.

그리고 관광업에도 계속 힘을 쏟고 있는데, 아프리카 본토에서 떨어져 있다는 열악한 입지 조건에다 도로나 전기, 가스, 수도 등의 인프라가 아직 정비되어 있지 않고, 말라리아와 같은 환경적인 악조건도 있어 앞으로 어느 정도 발전을 할 수 있을지 다소 불투명한 상황이다.

경제 규모가 작은 국가에 대한 소개는 이 정도로 하겠다. GDP가 낮은 국가가 빈곤으로 고통 받고 있는 실태에 대해서는 5장에서 다시 소개하겠다.

국민총행복

GDP가 아닌 'GNH'라는 용어가 있다. 바로 국민총행복(Gross National Happiness)이라는 개념을 가리키는 말이다. 남아시아 국가 부탄의 국왕인 지그메 싱예 왕추크가 1976년에 발표한 통치철학이다. 이 해에 국왕이 "GNH가 GDP보다 중요하다"고 공식 발언함으로써 GNH라는 용어가 세계에 알려지게 되었다.

처음에 GNH는 확실하게 정립된 개념이 아니었다. 그러나 이러한 사고방식에 주목이 쏠리자, 부탄 국내의 연구소에서 그 지표나 계산법 등에 대한 연구가 시작되었다. 그리고 이러한 연구를 통해 생활수준, 문화의 다양성, 건강, 교육, 시간 활용 방법, 자연환경, 공동체의 활기 등과 같은 지표가 앞으로 GNH를 산출하는 데 활용될 것으로 보인다.

부탄은 4만 7,000평방킬로미터 정도의 국토를 보유한 국가로, 인구는 약 70만 명이다. 농업과 임업, 수력발전 등이 주요 산업이며, GDP는 약 11억 달러이다. 국민 한 사람 당 GDP는 1,670달러 정도이다.

수력발전을 이용한 전기를 송전선을 통해 이웃나라인 인도 등지에 수출하고 있으며, 비철금속이나 금속 제품, 시멘트 등도 중요한 수출품이다.

최근에는 경제 성장이 이어져 GDP가 2000년부터 2007년까지 7년간 2.4배 이상 증가했지만, 이 나라는 여전히 가난의 늪에서 헤어나오지 못하고 있다.

그러나 이 나라 국민 대부분은 이와 같은 GDP의 수치보다 GNH를 중시하며 부탄에 태어난 것을 행복으로 여긴다. 국민의 97퍼센트가 "나는 행복하다"고 느긴다고 대답한 2005년의 조사도 있다. 과연 선진국 사람들에게 같은 질문을 했을 때, "나는 행복하다"고 대답할 사람이 얼마나 있을까?

이러한 대답의 배경에는 물질적인 풍요가 아닌, 마음의 풍요로움과 평안을 중시하는 불교의 영향이 자리하고 있다.

또한 사회가 추구해야 할 모습에서도 영향을 받은 듯하다. 예를 들면 부탄은 의료나 교육을 무상으로 받을 수 있으며, 마을에서는 물 사용도 무료이다. 토지가 없는 사람에게는 국왕이 토지를 제공하는 경우도 있다. 그리고 누군가가 구원의 손길을 내밀어주기 때문에 노숙자가 되는 사람도 거의 없다고 한다. 이처럼 나라 전체에 감도는 온기가 국민에게 행복감을 안겨주는 것으로 보인다.

이 장에서는 GDP 등의 경제 상황에 대해 살펴보았는데, 세계에는 GNH와 같은 사고방식을 중시하는 나라가 점점 많아지고 있다는 점은 기억해 둘 필요가 있다.

2장 세금

행정 서비스와 세금

국가는 행정 서비스를 하기 위한 재원으로서 국민으로부터 세금을 징수한다.

한 나라가 어느 정도의 세금을 징수하는가는, 일반론으로 말해, 그 나라의 정부가 국민에게 어느 정도의 서비스를 제공하는가에 따라 달라진다.

18세기 이후 유럽에서는 근대국가(국민국가)가 잇달아 등장하였다. 이렇게 등장한 초창기의 국가는 국토의 방위와 치안 유지가 주요 역할이었으며, 따라서 정치·행정학에서 이 시기의 국가를 '야경국가(夜警國家)'라고 부르기도 한다. 여기에는 공적인 의료

보험제도나 연금제도 등 사회보장의 정비와 같은 사고방식은 거의 없었다. 그러나 이후 많은 사람들이 사회주의 등의 영향을 받아 국가에도 국민의 최저생활을 보장할 의무가 있다는 생각을 하게 되었다.

오늘날에는 대부분의 선진국에서 사회복지 정책을 실시하며 거액의 국가 예산을 투입하고 있다. 이 때문에 현재 선진국에서는 이전과 비교도 되지 않을 만큼 정부의 역할이 커졌다.

다만 국가에 따라 정도의 차이는 있다. 이른바 복지국가로 불리는 나라에서는 사회복지 등의 서비스를 충분히 제공하려 하기 때문에 그만큼 세금도 많이 징수한다. 반면에 국가가 그런 서비스를 제공하지 않아도 된다고 여기는 국가도 있다. 그런 나라에서는 그만큼 세금이 많지 않다. 이는 세금에 대한 가장 기본적인 사고방식이라고 할 수 있을 것이다.

세계에는 다양한 국가가 있으며, 현재 상황은 지금 소개한 것처럼 기본적인 사고방식으로 일괄할 수 있을 만큼 단순하지가 않다.

따라서 이번 장에서는 세금의 정도(程度)라는 관점에서 세계의 현 상황을 살펴보겠다.

국민부담률

'세금의 정도'를 비교할 때, 통상 세금의 비율뿐 아니라 여기에 '사회보장 부담'의 비율을 더한 수치인 '국민부담률'을 비교하는 경우가 일반적이다.

많은 국가에서는 일을 해서 소득이 발생하면 여기에서 세금을 납부하는 것이 국민의 의무라고 규정하고 있다. 봉급자의 경우, '공제'라고 해서 소득세 등의 세금을 처음부터 제하고 급료를 지불하는 것이 일반적이다. 기업이나 각종 단체, 자영업자의 경우에는 연말에 결산을 해서 이익에 따른 세금을 나중에 납부한다.

다만, 국민이 정부에 납부해야 하는 것은 이것이 전부가 아니다.

한 세대의 세대주는 원칙적으로 자신은 물론 가족 전원이 건강보험(공적 의료보험)에 가입하는 것이 의무이며 그 보험료를 납부해야 한다. 일본의 경우, 40세 이상의 국민으로 요양 도움이 필요한 사람들을 위한 '요양보험' 제도가 있는데, 40세 이상은 원칙적으로 이 보험료를 납부해야 한다.

이러한 보험제도는 국민이 납부하는 보험료와 세금으로 운영된다. 세금도 본래는 개인이나 기업 등이 납부한 것이므로, 보험제도는 국민 전체의 부담으로 운영되는 것이라고 할 수 있다.

이 밖에도 사회복지와 관련한 제도로는 실업자들에게 일정 기간 지급하는 '고용보험'이나 일하던 중에 사고를 당한 사람에게 지급하는 '산재보험'을 비롯한 각종 보험, 생활보호, 그리고 아동이나 고령자, 모자가정 등에 대한 지원제도 등 다양한 제도가 있다. 이와 같은 제도 역시 보험료와 세금 등으로 운영된다.

이러한 보험료 납부는 국민의 의무로 규정되어 있다. 제도를 유지하기 위해서라도 보험료는 납부할 필요가 있다.

이 때문에 한 국가의 '세금의 정도'를 말할 경우, 세금이 높다고 해서 단순히 '세금'의 액수나 비율만으로 판단하는 것이 아니라, 여기에 보험료 등 '사회보장'의 부담금을 더한 비율인 '국민부담률'을 기준으로 보는 경우가 많다.

국민부담률이 큰 국가

그럼 이러한 국민부담률이 가장 큰 국가는 어디일까?

이를 알 수 있는 자료는 각국 정부(중앙정부)의 예산을 그 나라의 GDP와 비교했을 때의 비율을 정리해 발표한 자료이다.

자료에 따르면, 조사한 세계 74개국 중 그 수치가 가장 높은 국가는 아프리카 남부에 있는 레소토이다. 그 비율은 2007년 시점에 51.5퍼센트였다. 레소토에서는 국내 경제활동의 절반 이상을 정부가 담당하고 있는 것이다. 이는 매우 놀라운 수치라고 할 수 있다.

레소토는 사방이 남아프리카 공화국으로 둘러싸여 있는, 이른바 남아프리카 공화국 안에 있는 국가이다. 면적은 약 3만 평방킬로미터로, 국토 전역이 표고 1,500미터를 넘는 세계 유일한 국가이기도 하다.

인구는 약 200만 명. GNI가 약 29억 달러, 국민 한 사람 당 GNI는 약 1,000달러로 최빈국 중 하나라고 할 수 있다. 경제를 지탱하는 것은 전통적인 농업이나 목축업으로 근대산업은 그다지 발달하지 못했다.

다시 말해 레소토는 정부의 활동 규모가 크다기보다는 GDP가 인구에 비해 지나치게 낮기 때문에 결과적으로 국내 경제활동에서 차지하는 정부의 비율이 커진 경우이다. 이러한 후발 개발도상국에서는 정부가 비효율적인 경제 운영을 하는 경우도 많다. 레소토 역시 상대적으로 크게 나타난 정부의 예산 규모가 국내의 경제를 활성화시키는 방향이 아닌, 정체로 이어지는 결과를 가져왔다고 할 수 있을 것이다.

의료보험제도

국내에서 진행된 경제활동에서의 정부 예산 비율면에서 레소토의 뒤를 이어 높은 비율을 보이는 곳은 프랑스로,

그 비율은 44.5퍼센트이다.

프랑스는 레소토와 달리, 정부 예산을 국민 생활을 위해서도 활용하고 있다. 예를 들면 여러 정책 중에서 핀란드처럼 출생률을 높이기 위한 각종 수당을 비롯하여 다양한 사회복지 정책을 실시하고 있는 것이 특징이다. 그 예로 의료제도를 살펴보겠다.

프랑스에서는 국가 전체 의료비 가운데 개인의 자기 부담분은 10퍼센트 정도이다. 이는 일본 17퍼센트 전후, 미국 약 14퍼센트와 비교하면 매우 낮은 비율이다. 전체 의료비 대부분을 정부에서 부담하고 있기 때문이다. 물론 정부의 지출도 본래 국민이 납부한 세금이나 보험료에서 나온 것이지만, 소득에 비해 높은 수준의 의료를 지원받을 수 있는 제도는 국민 생활에 큰 도움이 되고 있다.

참고로 프랑스는 세계보건기구(WHO)가 발표한 《월드 헬스 리포트(Wolrd Health Report) 2000》에서 의료제도 종합평가 1위를 차지할 만큼 질 높은 의료제도를 갖추고 있다.

프랑스에 이어 정부 예산의 비율이 큰 국가는 헝가리로, 그 비율은 43.6퍼센트이다.

그 뒤를 그리스(42.8퍼센트), 이스라엘(42.1퍼센트), 포르투갈(41.8퍼센트), 영국(40.7퍼센트), 벨기에(40.6퍼센트), 네덜란드, 슬로베니아(모두 40.5퍼센트) 순으로 잇고 있다.

또한 북유럽의 덴마크(36.3퍼센트), 스웨덴(35.1퍼센트), 핀란드

(33.9퍼센트), 노르웨이(32.3퍼센트)도 높은 수치이다.

지금까지 이들 국가는 모두 정부 예산의 많은 부분을 국민 복지 등을 위해 충당하였다. 일본(22.0퍼센트)이나 미국(21.6퍼센트)과 비교하면 경제에서 차지하는 정부의 역할이 크다는 점을 알 수 있다.

다만 미국의 경우, 선진국으로서는 유일하게 일반인들이 가입하는 공적 의료보험제도가 없다는 사실에 유의할 필요가 있다.

미국인 대부분은 공적 보험 대신에 민간 의료보험에 가입한다. 물론 이 지출액은 미국의 국민부담률 21.6퍼센트에는 포함되어 있지 않다. 미국의 경우 다른 선진국과 국민부담률의 내용이 다르다고 할 수 있다. 미국인이 민간 의료보험료로 지출하는 액수를 합산하면 미국의 수치는 21.6퍼센트를 훨씬 넘어설 것이다.

예산 내역은?

복지와 관련한 상황은 중요하므로 좀더 설명을 하겠다.

정부의 예산 안에는 여러 가지 항목이 포함되어 있다. 군사비나 공공사업 혹은 교육 관련 지출 등도 예산의 일부이다. 이 때문에 정부의 예산 규모를 GDP와 비교한 경우, 그 정부가 얼마나 큰지는 알 수 있지만 예산이 어디에 어떻게 사용되고 있는지 그 내역까지는 알 수 없다.

예를 들면 미국에서는 2011년도 군사 예산이 GDP의 4.7퍼센트를 차지할 것이라는 전망이 나왔다. 미국 정부 예산이 GDP에서 차지하는 비율은 2011년 시점에서 25퍼센트 전후가 될 것으로 보이지만, 그 가운데 상당한 비율을 군사 예산이 차지한 것이다. 그리고 역사를 돌아보면 미국의 군사 예산 비율은 이보다 많았던 시기도 있었다. 예를 들어 냉전의 막바지였던 1980년대 후반에는 GDP의 약 6퍼센트, 베트남 전쟁 중인 1960년대에는 무려 10퍼센트를 차지한 적도 있다.

즉 한 국가의 정부 예산 규모가 거액이고 GDP와 비교했을 때 비율이 높은 경우라도, 이것이 사회복지에 충실한 결과인지, 군사 예산이 큰 비중을 차지한 결과인지 판단하기가 어려운 것이다.

복지 관련 예산 규모

이번에는 정부 예산 가운데에서 특히 사회복지 관련 지출에 대해 살펴보겠다.

구체적으로는 사회복지 관련 예산이 GDP에서 차지하는 비율이다.

이 수치는 선진국들의 협의기관인 경제협력개발기구(OECD)가 발표한 것이다.

OECD의 발표에 따르면, 2005년 시점에 연금, 소득보장, 건강보험, 기타 사회복지 서비스와 관련한 예산의 총액을 GDP와 비교했을 때 그 비율이 가장 높은 국가는 스웨덴이며, 그 비율은 29.4퍼센트이다. 스웨덴에서는 정부가 제공하는 복지 서비스가 국내 경제의 30퍼센트 가까이 차지하고 있다는 이야기가 된다.

일본은 그 수치가 18.6퍼센트, 미국은 15.9퍼센트, OECD 국가 중 최하위인 한국은 6.9퍼센트이므로, 스웨덴의 이 수치가 얼마나 높은지를 알 수 있을 것이다.

스웨덴의 뒤를 이어 이 수치가 높은 국가는 프랑스이며, 그 비율은 29.2퍼센트이다.

이어서 오스트리아(27.2퍼센트), 덴마크(27.1퍼센트), 독일(26.7퍼센트), 벨기에(26.4퍼센트), 핀란드(26.1퍼센트) 순이다.

북유럽은 종종 '복지 대국'이라고 불리는데 스웨덴, 덴마크, 핀란드 등의 수치를 보면 그 이유를 알 수 있다. 또한 유럽의 다른 국가들도 상당한 복지 대국임을 알 수 있다. 현재 유럽 선진국들은 정부의 복지 예산이 경제에서 상당 부분을 차지하고 있다.

세금이 가장 낮은 국가

국민부담률이나 복지 예산 비율이 높
은 국가에 대한 설명은 이 정도로 하겠다.

이번에는 국민부담률이 가장 낮은 국가, 간단히 말하면 세금이
가장 적은 국가에 대해 알아보자.

여기에는 크게 나누어 두 가지 타입이 있다. 하나는 석유 등 천
연자원이 풍부하여 이것을 판매한 이익으로 국가의 재정을 꾸리는
국가, 이른바 '산유국'이라고 불리는 국가들이 여기에 해당한다.

예를 들면 바로 중동에 있는 아랍 에미리트 연합(UAE)이다.

그럼 여기서 아랍 에미리트 연합이라는 국가에 대해 간단히 살
펴보겠다. 아랍 에미리트 연합은 'United'라는 이름에서 알 수 있
듯, 아부다비, 두바이, 아즈만, 후자이라 등 7개 '수장국'이 연방제
로 연합한 국가이다. 수장국이란, 본래 그 지역에 있던 부족의 장
이 군주로서 다스리는 국가라는 의미로, 군사나 외교, 교육 '이
외'의 분야에서는 국가로서의 자치권을 보장받는다. 한편 아랍 에
미리트 연합은 연방정부에서 시행하는 것이 더 효율적인 군사, 외
교, 교육과 같은 분야를 담당한다. 국제연합에는 아랍 에미리트
연합으로 가입하였다.

2005년 시점에 인구는 약 410만 명으로, 그 가운데 아부다비가
약 140만 명, 두바이가 132만 명으로 두 나라의 인구 합계가 전체

의 3분의 2를 차지한다.

아랍 에미리트 연합은 1971년에 독립할 때까지 영국의 '보호령'이라는, 일종의 식민지였던 국가이다. 독립 이후, 아랍 에미리트 연합 면적의 대부분을 차지하는 아부다비가 주도적인 역할을 하고 있다. 아랍 에미리트 연합의 대통령을 아부다비의 수장이 맡는 것이 관례로 자리잡은 것을 보아도 알 수 있다. 참고로, 수상을 겸임하는 부대통령은 두바이의 수장이 맡는다.

아랍 에미리트 연합의 세금에 대해 살펴보면, 급료 등에 부과하는 소득세나 기업의 이익 등에 부과하는 법인세가 없다. 또한 두바이나 아부다비 등지에서는 외국계 은행의 지점이나 석유·천연가스·석유화학 관련 회사 등에 법인세를 부과하지만, 그 이외의 대부분의 기업에는 법인세를 부과하지 않는다. 그리고 개인의 연금자금은 개인이 직접 적립하는 것이 대부분이지만, 이 역시 경우에 따라 정부로부터 지원을 받을 수 있다.

이뿐만이 아니다. 이 나라에서는 석유 등을 통해 얻어지는 자금을 사용해 국민의 풍요로운 생활을 보장하고 있다. 예를 들면 두바이에서는 의료비가 무료이다. 공립학교일 경우에 대학까지의 교육비도 정부가 부담한다. 전기나 가스, 수도에도 거의 돈이 들지 않는다. 또한 연금이나 주택 구입에 드는 비용도 정부가 지원해 준다.

　　물론 이곳에서는 아이가 있는 가정에 대한 정부의 지원도 충분하다. 예를 들면 소득제도가 있기는 하지만 초등학교 6학년생까지 아이가 있는 가정에는 첫째·둘째 아이의 경우 3세 미만에게 1만 디르함(1디르함 = 약 300원, 약 300만 원 - 옮긴이), 3세 이상에게 5,000디르함, 셋째 아이 이상은 3세 미만이든 3세 이상이든 모두에게 1만 디르함이라는 적지 않은 액수의 수당을 지급한다. 그리고 급료에 붙는 수당으로 21세 이하의 자녀가 있는 가정에는 자녀 한 사람 당 월 300디르함(약 90,000원 - 옮긴이)을 지급한다.

　　페르시아 만 연안에 있는 다른 산유국도 세금과 관련해서는 이와 비슷한 정책을 취하고 있다. 사우디아라비아나 카타르, 오만, 바레인, 나아가 동남아시아의 산유국인 브루나이 등지에서는 기본적으로 개인에 대한 소득세나 기업에 대한 법인세를 부과하지 않거나, 부과하더라도 아주 적은 액수를 부과하는 사회복지가 이루어지고 있다.

　　좀더 자세하게 살펴보면, 사우디아라비아에서는 경우에 따라 어느 정도 법인세를 부과하는 예외인 경우도 있지만, 대체로 이들 산유국은 세계에서 가장 세금이 낮은 국가라고 할 수 있다.

과세 없이는 대표도 없다

이런 이야기를 들으면 산유국은 살기 좋겠구나 하는 생각이 들겠지만 반드시 그렇다고 단언할 수도 없다.

"대표 없이는 과세도 없다"는 말이 있다. 이는 미국 독립전쟁 당시의 유명한 슬로건이다. 영국 식민지 시대의 미국에서는 사람들이 영국에 세금을 내지만 자신들의 대표를 영국 의회에 보낼 수가 없었다. 이에 대해 주민들은 "세금을 내는데 의회에 우리의 대표를 보낼 수 없다는 것은 잘못된 일이다. 그렇다면 우리는 독립을 하자"고 주장하며 독립전쟁에 나섰던 것이다.

이처럼 세금과 정치적 발언권은 떼려야 뗄 수 없는 관계에 있다. 현재 선진국에서 과세·납세와 국민 주권은 밀접하게 관련되어 있다.

한편 산유국의 국민은 거의 세금을 내지 않는다. 이들 국가에서는 왕권이 부와 권력을 장악하고 관련 기업 대부분을 보유하고 있다. 세금을 받지 않아도 보유한 기업들의 수익으로 국가 서비스를 시행할 수 있는 것이다.

그러니 세금을 내지 않는 국민에게는 정치적 발언권도 주어지지 않는다. 과세 없이는 대표도 없다.

조세 회피지

앞에서 세금의 국민부담률이 낮은 국가에는 두 가지 타입이 있다고 했는데, 또 하나의 타입은 어떤 국가일까?

바로 유럽의 초소형 국가이다. 모나코와 산마리노, 안도라, 리히텐슈타인 등의 국가가 여기에 해당한다.

예를 들면, 모나코에서는 개인에게 부과하는 소득세가 없다. 거액의 수입을 얻어도 세금을 내지 않기 때문에 유럽의 많은 부호들이 이 나라 국적을 얻으려는 현상까지 나타나고 있다. 모나코에는 자가용 제트기나 레저용 대형 선박을 가진 사람이 드물지 않다고 할 정도이다.

법인도 마찬가지이다. 모나코 밖에서의 매출이 상당한 비율을 차지하는 특정한 경우 외에는 법인세를 부과하지 않는다. 상품을 구입할 때 부과되는 부가가치세 등은 있어서, 이것이 국가 수입의 일부로 들어간다. 초소형 국가 안도라 등지도 이와 비슷한 상황이다.

모나코는 도박장인 카지노로도 유명하며 여기에서 나오는 수익도 국가 수입의 몇 퍼센트를 차지하고 있다.

다만 이와 같은 국가에도 오늘날 한 가지 문제점이 지적되고 있다.

그것은 세금을 피하기 위해 많은 부호나 다국적 기업들이 이들 국가에 적을 두고 있다는 점이다. 만약 부유한 개인이나 거액의 수익을 낸 우량 기업 등이 자국 내에 남아 있었다면, 많은 조세 수입이 기대되었을 국가도 있을 것이다. 다른 유럽의 국가들이나 미국 등은 특히 이러한 일로 인해 애타게 고심하고 있다. 이 때문에 구미 선진국들은 유럽 등지에 있는 세금이 없는 국가·지역을 '조세 회피지(Tax Haven)'라고 부르며 비난하는 경우도 있다.

이들 조세 회피지에서는 그 나라의 금융기관이 취급하고 있는 자금이 어떠한 성격의 자금인지 조사하지 않는 경우도 많아, 범죄를 통해 얻어진 자금이나 테러와 관련한 자금 등도 흘러들고 있는 것으로 보인다.

그래서 구미 선진국들은 최근 조세 회피지에 대한 감시를 강화하였다. 모나코 등지에 있는 자금도 그 대상이다.

세계에는 매우 다양한 국가들이 있다는 것을 이와 같은 점을 통해서도 알 수 있다.

누적 채무

세금과 관련해서 마지막으로 한 가지 더 소개하겠다.

대부분의 국가는 국가 재정을 위해 국민이나 기업 등에 세금을 징수한다. 그러나 현대 사회에서 국가의 역할이 커짐에 따라 국가 재정의 규모도 팽창되고 있다. 그래서 세입보다 세출이 많아 거액의 재정 적자를 안고 있는 국가도 많다.

이럴 경우 정부는 국채 등을 발행하여 이를 판매한 돈으로 적자분을 메워간다. 다만, 이는 정부의 빚이기 때문에 언젠가는 갚아야 하는 '채무'가 된다.

따라서 많은 국가에서는 재정 적자가 지나치게 늘어나지 않도록 노력한다. 예를 들면 유럽의 주요국이 모여 '유럽연합(EU)'이라는 초국가 조직을 구성하였는데, 이 EU에 가입하기 위해서는 매년 재정 적자가 GDP의 3퍼센트를 넘지 않아야 하며, 쌓인 적자의 합계인 '누적 채무'가 GDP의 60퍼센트를 넘지 않아야 하는 조건을 충족시켜야 한다. 새로이 EU에 가입하고자 하는 국가 혹은 EU에서 배척당하지 않으려는 회원 국가는 이 기준을 지키기 위해 노력한다.

실제로는 많은 EU 가입국이 이 기준을 충족시키지 못하고 있어 최근 문제가 되고 있기도 하지만, EU는 원칙적으로 각국의 재정 적자, 누적 채무 액수가 지나치게 많아지지 않도록 약속과 감시를 시행하고 있다.

그러나 선진국 중에도 누적 채무 액수가 GDP의 171퍼센트라는, 거액의 재정 적자에 직면한 국가가 있다. 바로 일본이다. 일본에서는 세금 등으로 거둬들인 것만으로는 재정 운영을 할 수 없어, 정부의 빚인 국채 등을 발행하여 재정을 충당해 왔다. 그 결과, 2009년도 말 시점에 금액으로 825조 엔(국가와 지방을 합친 장기 채무 잔고), 1년 간 국내총생산의 1.7배 이상이라는 거액의 빚을 안게 되었다.

참고로, 정부의 예산 규모를 나타내는 '일반 회계 총액'은 2009년도 수치로 102조 5,582억 엔(나중에 세출이 확정된 '보정 예산', 즉 추가경정예산을 포함한 금액)이다. 이 가운데, 국채를 발행하여 조달한 금액은 무려 53조 4,550억 엔이다. 국가 예산의 반 이상인 52.1퍼센트가 빚으로 조성된 것이다. 따라서 세금으로 조성한 예산은 세입의 반 이하라는 말이 된다.

그리스의 재정 위기

이러한 상황에 놓인 국가는 선진국 중에서 일본이 유일하다.

선진국에서 두 번째로 누적 채무 비율이 높은 국가는 약 115퍼센트의 그리스이다.

그리스의 경제는 지금까지 정부가 파악하지 못한 '지하 경제'가 상당히 큰 비율을 차지한다. 이 때문에 필요한 만큼 세금을 징수하지 못한 채 재정 적자를 키워왔지만, 이전 정권의 간부들은 이를 보고도 못 본 척, 알고도 모른 척 해왔다. 그러나 2009년 10월 선거에서 정권이 교체되자 상황이 바뀌었다. 새로운 정권의 총리에 오른 파판드레우 정권이 정부에 거액의 누적 채무가 있다는 사실을 밝힌 것이다. 이로써 그리스의 재정 위기가 전세계의 주목을 받게 되었다.

2009년 후반 이후, 그리스의 거액 누적 채무 문제는 EU 전체의 경제에 대한 신뢰도를 떨어뜨렸다. 2010년 봄에는 그리스가 만기가 다가온 장기 국채의 원금인 약 170억 유로(약 23조 원 - 옮긴이)를 갚지 못할 우려까지 발생하였다. 만약 갚지 못하면 정부 파산이라는 사태에 빠질 위험이 있었던 것이다. 이에 위기감을 느낀 EU는 2010년에 들어서자 잇달아 그리스 지원을 결정하였다.

한편 일본은 그런 그리스보다 훨씬 많은 채무를 안고 있다. 일본의 재정 상황이 얼마나 삼각한지 알 수 있을 것이다.

참고로, 미국도 거액의 누적 채무를 안고 있으며, 그 금액은 2009년도 수치로 연방 채무가 7조 5,593억 달러 정도일 것으로 보인다. 지방 채무를 합치면 일본과 비슷한 규모의 누적 채무일 가능성이 있다. 다만 미국은 GDP가 높기 때문에 GDP 대비로는 일본의 반 이하로 나타난다.

또한 전세계에서는 아프리카 짐바브웨의 누적 채무 비율이 220퍼센트 정도로, 이 수치가 세계에서 가장 높은 것으로 추측된다.

짐바브웨는 강압적인 대통령이 오랫동안 지배해 왔으며 국내 치안도 불안하고 경제도 파탄 지경인 국가이다. GDP는 낮지만, 한편으로 군사 예산에는 GDP의 6퍼센트 전후 혹은 그 이상까지 투입하고 있다. 누적 채무가 큰 것도 무리가 아니다.

일본이 짐바브웨 못지않은 누적 채무 비율을 안게 된 가장 큰 원인은 1990년대에 경제를 활성화시키기 위해 다양한 경기 부양책을 남용한 데 있다. 그후에도 경제가 내리막을 걷는 가운데 세수도 생각보다 늘어나지 않았다. 한편으로 사회의 고령화가 진행되면서 복지 예산도 급증하였다. 이렇게 일본의 채무는 해마다 증가하고 있다.

빚은 반드시 갚아야 한다. 국가의 채무도 마찬가지이다. 일본도 앞으로 이 거액의 누적 채무를 갚기 위해 언젠가 어떤 정책을 실행에 옮겨야 한다. 그것은 바로 증세 정책이다. 언론이나 방송을 통해 일이 있을 때마다 소비세율 인상이라는 논점이 다루어지는 것은 바로 이와 같은 상황 때문이다.

3장 군사력

안전보장의 딜레마

세계의 군사 예산을 모두 합하면 얼마나 될까?

2007년의 수치로, 약 1조 2,800억 달러이다. 다만 각국에서 공식적으로 발표한 수치를 근거로 산출한 것이므로, 실제로는 수치가 훨씬 더 높을 가능성이 있다. 인류는 이처럼 많은 자금을 다른 나라와의 전쟁이나 내전에 사용하고 있는 것이다.

미국 콜롬비아 대학의 경제학자 제프리 삭스 교수에 따르면, 세계 최빈국의 경제를 향상시켜 '빈곤의 굴레'에서 벗어나게 하려면 매년 선진국 GDP의 0.7퍼센트에 해당하는 자금을 2025년까지 개발도상국에 지원하면 된다고 한다. 이는 2008년 시점에서 연간 2,450억 달러에 해당하는 자금이다. 이 금액은 앞에서 소개한 군사 예산의 20퍼센트 정도에 그친다. 제프리 삭스 교수는 이 정도의 자금을 개발 지원 프로그램에 투입하면 2025년까지 최빈국을 사라지게 할 수 있다고 주장한다.

물론 이 수치가 얼마나 정확한지, 군사 예산과 비교하는 것이 과연 올바른 것인지, 이런 저런 문제를 안고 있기는 하다.

그리고 군비에는 국제 정치학상, '안정보장의 딜레마'라고 불리는 문제가 있다. 이는, 대립 중인 국가 간에 한 쪽이 상대국에 질 수 없다고 군사 예산을 증액한 경우, 상대국도 이에 대항하여 군사 예산을 증액하기 때문에 결과적으로 양국의 군사 예산이 점점 증가하는 현상을 가리킨다. 혹은 반대로, 한 쪽 국가가 자발적으로 군축을 한 경우, 그 상대국은 힘들이지 않고 군사적 우위를 점할 수 있을 것이다. 이러한 점들을 고려하면, 군사 예산의 삭감이란, 말은 간단하지만 현실적으로 많은 어려움을 동반하는 것이 현실이다.

그렇다고 해도 오늘날 매년 터무니없는 금액의 군사 예산이 사용되고 있다는 점은 확실히 인식해 둘 필요가 있다.

미국의 거대한 군사력

이어서 각국의 군사 규모에 대해 구체적으로 살펴보겠다.

세계 최대의 군사 대국은 어디일까? 아마 많은 사람들이 미국이라고 대답할 것이다. 맞다. 그런데 미국의 군사 예산은 어느 정도의 규모이며, 앞에서 소개한 세계 전체의 군사 예산 중 어느 정도의 비율을 차지하고 있을까?

2007년의 수치로 무려 5,530억 달러이다. 한 나라에서 세계 전체 군사 예산의 43퍼센트 이상을 차지하고 있는 것이다. 이 수치는 미국의 군사 예산이 2위 이하의 상위 10개국 군사 예산을 합친 것보다 많다는 의미이기도 하다.

나아가 2009년의 수치를 보면, 이라크나 아프가니스탄 파병의 영향 등으로 미국의 군사 예산은 6,650억 달러로 증가하였다. 미국은 실로 차원이 다른 군사력을 보유하고 있다고 할 수 있다.

미국은 이 거액의 군사 예산을 사용해 군사상의 모든 분야에서 막강한 힘을 과시한다.

예를 들면 핵전력으로 볼 때, '대륙 간 탄도 미사일(ICBM)'이라 불리는 대형 장거리 핵미사일 550기, 상대국의 가까운 해저에 잠입한 잠수함에서 쏘는 '잠수함 발사 탄도 미사일(SLBM)' 432기, 이 SLBM을 발사할 수 있는 원자력 잠수함 14척, 게다가 원자탄을

		미 국	러시아	영 국	프랑스	중 국
미사일	ICBM(대륙 간 탄도 미사일)	550기	430기	–	–	46기
	IRBM / MRBM	–	–	–	–	35기
	SLBM(잠수함 발사 탄도 미사일)	432기	272기	48기	64기	12기
탄도 미사일 탑재 원자력 잠수함		14척	15척	4척	4척	1척
핵 탑재 가능 항공기		111기	80기	–	84기	–
탄두수		5,113발	3,909발	185발	348발	176발

각국의 핵무기 병력. 미국이 차원이 다른 군사력을 보유하고 있음을 한눈에 알 수 있다.

탑재할 수 있는 대형 폭격기를 111기나 보유하고 있다.

그리고 원자탄의 탄두는 5,113발 있으며, 원리적으로 볼 때 여러 개의 탄두를 하나의 미사일에 탑재해 쏘아올려 적국 가까이 갔을 때 각 탄두마다 각각 다른 표적을 향해 날리는 것도 가능하다(여러 개의 탄두를 탑재한 이러한 미사일은 영어의 머리글자를 따서 'MIRV'라고 부른다).

이에 필적할 만한 핵전력을 보유한 국가는 러시아뿐이다. 러시아는 한정된 군사 예산을 핵전력 정비에 중점적으로 투입하면서 미국에 대항하고 있다. 그러나 핵전력을 제외한 일반 병력 부분에서 미국은 타의 추종을 불허할 만큼 압도적 파워를 지니고 있다.

바다를 접수한 미국의 해군력

미국의 군사력을 살펴볼 때 무엇보다 특징적인 것은 바로 거대한 해군력을 바탕으로 전세계의 바다를 지배한다는 점이다.

이러한 미국 해군력의 핵심을 이루는 것이 전세계 바다를 엄중히 감독하는 여섯 개의 함대와 세계 각지의 해군 시설, 나아가 우주 공간을 비행하는 무수한 감시 위성이다.

현재 미국의 함대는 대서양, 지중해, 페르시아 만과 홍해, 동태평양, 중남미 연안 지역과 카리브 해, 서태평양과 인도양 등 여섯 지역에서 활동하고 있다.

각 함대의 중심인 항공모함은 수십 기의 함대기를 싣고 각지로 이동할 수 있는, 전체 길이 수백 미터의 거대한 군함이다. 예를 들면 최신예 원자력 항공모함 '로날드 레이건' 호는 전체 길이 약 330미터, 총 배수량은 9만 7,000톤이며, 약 6,000명의 승무원을 태울 수 있다. 선체의 건조비만 100억 달러이다. 탑재할 수 있는 약 90기의 함대기와 IT 시스템 등의 비용까지 포함하면 총 건조비는 약 3조 엔 정도라고 한다.

함대에는 이 밖에도 항공모함을 수호하기 위한 수상 전투함과 잠수함 등의 '호위함', 물자를 운반하는 '보급함' 등 많은 군용함이 함께 움직이고 있으며, 승선원의 수는 함대 하나에만 수만 명이 넘는다. 각 함대는 이른바 '움직이는 군사 요지'라고 할 수 있다.

미국에는 11개의 항공모함 기동부대로 구성된 여섯 개의 함대가 있다. 하나의 항공모함 기동부대의 총 건조비는 10조 엔 이상이라고 하므로, 11개 부대의 총액만 보아도 일본의 국가 예산(일반회계)을 능가한다.

또한 세계의 바다를 항해하는 선박은 어떤 선박이든 미국의 위성 감시를 벗어날 수 없다. 이는 지중해에 떠 있는 요트건, 남중국해를 지나는 소형 군용정이건, 남극 부근을 항해하는 유람선이건 마찬가지이다. 모든 선박은 항시 미국 위성의 감시를 받으며, 그 해역의 안정을 위협하는 사건이 발생하면 어떤 형태로든 미국 해군력의 간섭을 받게 된다.

더구나 미국은 세계 해저의 요소에 음파를 감지하는 장치를 부설하여 그 주변을 통과하는 선박이나 잠수함에서 나오는 소리를 감청하면서 그 동향을 지켜보고 있다. 세계 도처에 미국의 감시의 눈이 번득이고 있다는 말이다.

153개국에 미군 병력 파견

미국은 세계 각지에 군사 기지를 두고 있다.

　미국 국방성이 발표한 '인적 자원 보고서'에 따르면, 2001년 9월 시점에 153개국에 약 25만 5,000명의 병력을 파견하였다. 세계에 200여 개의 국가가 있다는 것을 고려할 때, 153개국은 그 4분의 3에 해당한다. 이 수치에는 다소 변화가 있을지 모르지만, 미군이 상당히 많은 국가에 주둔해 있다는 점은 분명하다.

　다만 작은 국가의 경우, 병력이라고 해야 몇 명이 고작인 대사관 경비원이거나 상대국 군인의 훈련 요원이나 통신 담당관 등으로 파견된 인원이 전부인 경우도 많을 것이다.

　한편 100명 이상의 현역 군인이 있는 국가는 33개국이므로, 이 수치가 기지(基地)의 개수라고 해도 무방하다. 미국 국방성이 따로 발표한 '기지 구성 보고서'에는 중요한 기지가 세계 38개국에 존재한다고 기록되어 있다. 이상의 내용을 종합해 보면, 미국의 주요 기지는 세계의 30～40개국에 존재하고 있다는 말이 된다.

　미국은 세계 각지에 병력을 파견하여 주요 지역에 기지를 설치함으로써 세계 전체에 큰 영향력을 행사하고 있는 것이다.

　참고로, 미국은 기지를 설치한 대부분의 국가와 '지위협정'이라는 규정을 체결하고 있다. 이는 미군이 그 나라의 시설이나 구역을 사용할 때의 규칙이나 미군 병사의 대우 등에 관해 규정한 것이다. 일본과도 이 지위협정을 체결하고 있지만, 이탈리아나 인도 등과 체결한 지위협정과 비교하면 일본의 법률이 적용되는 범위가 지나치게 한정되어 있다.

전략의 변화

　　　　　미국은 세계 최대 규모의 병력을 보유하고 있다.

예를 들면 미국 정규군의 병력 수는 154만 명으로, 219만 명을 보유한 중국에 이어 세계 2위의 병력 보유국이다. 그리고 이들을 활용한 것이 강력한 핵전력과, 세계 2위인 러시아와 비교해도 3배 규모의 총 톤 수를 자랑하는 해상 병력, 마찬가지로 세계 2위인 러시아의 2배 규모인 작전기 수를 보유한 항공 병력 등이다.

냉전이 종식된 지 약 20년이 지났다. 이처럼 거대한 전력을 배경으로 한 군사 전략은 국제정세의 변화와 함께 바뀌고 있다.

냉전 당시에는 소련과의 전면적인 대결을 상정한 전략이 수립되었다. 유럽에 소련의 강력한 전차부대가 밀고 왔을 때, 서방 여러 국가를 어떻게 방위하고, 핵전쟁이 발발하기 전에 어떻게 소련의 전의를 꺾을 것인가? 이와 같은 경우를 상정한 전략이 장기간에 걸쳐 진지하게 검토되어 왔다.

한편, 냉전이 종식되자 새로운 위협이 부상하였다. 바로 중동에서의 분쟁이자 테러의 위협이다. 한반도나 타이완 해협에서의 분쟁 가능성도 부각되고 있다.

	정규군(만 명)	해상 병력		항공 병력
		톤 수(만 톤)	척 수	작전기 수
미 국	154	602.2	945	3890
러시아	103	202.8	1040	2180
중 국	219	132.3	885	1950
영 국	16	81.9	236	370
프랑스	25	42.5	260	430
일 본	23	34.5	150	430

주요국의 병력. 이 자료를 통해서도 미국이 거대한 해상 병력, 항공 병력을 보유하고 있음을 알 수 있다.

이에 대해 미국은, 세계의 어떠한 곳이라도 10일 이내에 필요한 전력을 투입하여 30일 이내에 적을 격파할 수 있는 능력 유지를 목표로 한다고 강조한다. 냉전 당시와 비교해, 한층 간결하고 한층 빠른 시점에서 대응할 수 있도록 하는 데 중점을 두고 있다고 할 수 있다.

미군이 안고 있는 과제

현재 미군이 직면한 최대의 과제는 바로 이라크와 아프가니스탄에서의 전투이다.

미국은 아프가니스탄 등지에서의 대테러 전쟁에 지금까지 90조 엔 이상의 거액을 전쟁 비용으로 썼다.

그리고 미국이 걱정하는 앞으로의 과제는 중국군의 급격한 증강에 대처하는 일이다. 중국군에 대해서는 뒤에서 설명하겠지만, 중국의 군사적인 능력과 영향력의 확대는 다른 주변국을 불안하게 할 정도로 위협적이다.

2010년 1월, 미국에서 열린 군사관계자 회의에서 중국군 간부는 "중국군은 가까운 미래에 동아시아에 'Access Denial Zone'(ADZ, 진입 거부 구역)을 설치하겠다"고 공표했다. 그의 발언에 참석자 모두가 그 자리에서 얼어붙었다. ADZ, 다시 말해 말라카 해협에서 남중국해, 타이완 해협, 센카쿠 열도(尖閣列島, 중국과 타이완에서는 조어도釣魚島라고 하여 자국령임을 주장한다 - 옮긴이)와 오키나와 주변 해역까지를 중국의 세력권으로 보고 주변 여러 국가와 미국의 간섭을 허락하지 않겠다는 주장이다. 만약 ADZ 발언이 현실화된다면, 일본이 자국의 해역인 오키나와와 센카쿠 열도 주변에서 활동하고자 하여도 중국의 간섭을 받게 될 가능성까지 있다.

이에 대해 미군은 2010년 2월에 발표한 《QDR 2010 보고서》에서, 적국이 '진입 거부 능력'을 가질 경우에 대한 대비를 주장하였다. 'QDR'은 4년마다 미국의 국방정책을 재검토하고, 미군의 활동이나 방향성을 규정하는 중요한 지침이다. 이러한 보고서 안에서 이 문제를 다루었다는 것이므로, 미국이 느끼는 위기감이 전해지는 듯하다.

최신 무기 개발

미국의 군사력을 알아보면서 깨닫게 되는 것은 많은 국가들이 국가 예산을 웃도는 방대한 군사 예산을 바탕으로 최신 무기 개발에도 거액의 자금을 투입하고 있다는 점이다.

한 가지 예를 들면, 자동차 내비게이션 등에 사용되는 위성항법장치(GPS)는 본래 군사용으로 개발된 기술이다. 이 기술은 전쟁 시 아군의 위치를 서로 파악하기 위한 것으로, 아군을 쏘는 사고를 방지하려는 목적으로 개발되었다.

이 GPS 기술은 한 발 더 나아간 성과를 이루었다. 아군뿐 아니라 적의 위치까지 정확히 파악할 수 있어 원거리 조종으로 적을 공격할 수도 있다.

고도로 비행하는 미국의 정찰 위성은 날마다 세계의 하늘을 망라해 지상의 모습을 고해상도 화상에 수집하여 현지의 작전실이나 미국 국내의 사령본부 등지로 전달한다.

아니면 목표인 적이 있을 듯한 장소 근처에 특수부대가 잠입해 적이 있는 곳을 파악하고 지령 본부에 전용 컴퓨터로 전달하는 경우도 있다. 최근에는 최전선에 있는 병사의 헬멧에 단말기가 부착되어 병사의 주위 영상을 현지 작전실이나 미국 국내의 사령본부 등지로 직접 송신할 수 있는 부대도 있다.

작전실이나 사령본부 등지에서는 이렇게 전송된 정보를 바탕으로 공격할 필요가 있는지 여부를 판단하지만, 최근에는 그러한 공격에서 무인 병기를 사용하는 경우가 증가하고 있다.

대표적인 무인 병기가 '프레데터'라고 하는 전체 길이 8미터 정도의 정찰기다. 프레데터에는 탑승하는 승조원이 없다. 미국 본토 기지에 있는 파일럿이 원격조종으로 움직이는 것이다.

예를 들면 미국 본토의 사령본부가 테러리스트로 보이는 집단이 어느 장소에서 테러 준비를 하고 있다는 정보를 받았다고 가정해 보자. 그러면 미국 본토 기지에 있는 파일럿이 화면을 보면서 프레데터를 그 장소로 날려 보내고 다른 요원이 프레데터의 고성능 카메라로 지상의 모습을 탐지한다. 그 결과, 테러 가능성이 높다고 판단되면 프레데터에 탑재한 미사일 등의 정밀 유도 무기로 공격을 개시하기도 한다.

이처럼 전쟁터를 무인 항공기가 날아가 그 항공기에서 발사된 미사일이 적을 섬멸한다는 SF 영화와 같은 상황이 이라크와 아프가니스탄 등지에서 이미 벌어지고 있다.

이 밖에도 무인 자동차나 곤충을 모방한 정찰·공격용 무기 등 다양한 타입의 무인 병기가 개발되고 있다는 보도도 있다.

현재, 미국이 개발에 주력하고 있는 것으로 알려진 분야에 '브레인 머신 인터페이스(Brain Machine Interface, BMI)'라고 불리는 기술을 응용한 무기 시스템이 있다. '브레인 머신 인터페이스'는

무인 정찰기 프레데터. 고공에서 지상의 모습을 관찰하여 필요하다면
미국 본토의 기지에 있는 파일럿이 공격 버튼을 누른다.

요양 분야에서 실용화가 진행 중인 기술이다. 이 기술을 이용해서, 요양을 하는 사람이 말로 하지 않더라도 그 생각의 일부를 읽어내는 시스템이 가능해지고 있다. 이를 군사 기술에 반영하여, 예를 들면 병사가 화면을 보고 '이곳을 공격하라'고 '생각'만 해도, 무기에서 탄환을 발사할 수 있도록 하는 신무기를 만들 가능성이 있다.

이 기술의 최종 단계는 영화 〈아바타〉에서 묘사된 것처럼 만드는 일이라는 설도 있다. 병사가 기지 등지에서 컴퓨터 화면을 주시하고 화면에 나타난 영상을 보면서 머릿속으로 어떻게 할지 생각하는 것만으로, 적지에 들어간 무인 병기가 이동을 하거나 상대를 공격한다는 것이다. 이와 같은 시스템이 완성되기까지는 오랜 시간이 걸리겠지만, 전혀 실현 불가능한 꿈같은 이야기만은 아니다. 수십 년 내에는 실현될 가능성이 있으며, 미군은 현재 필사적으로 이를 모색하고 있다고 군사 연구가들은 예상하고 있다.

중국의 군사력

미국의 군사력에 대해서는 이 정도로 정리하겠다. 미국에 이어 세계 2위의 군사 대국은 어디일까? 현재 중국이라는 의견이 지배적이다. 2006년의 군사 관련 지출 총액은 《밀리터리 밸런스》라는 세계 군사력 보고서에 따르면 1,219억 달러로 추정된다. 이 수치는 중국 정부가 공식 발표한 금액보다 많지만, 공식 발표된 수치만 보아도 약 5년마다 배가 증가하여 과거 21년 동안 22배 증가하였고, 최근 급속하게 군사 지출을 확대해 가고 있다.

중국군의 총 병력은 세계에서 가장 많은 약 219만 명이다. 여기에는 육상 병력 160만 명, 해병대 1만 명 등이 포함되어 있다. 그리고 약 8,700대의 전차, 약 900척의 함선, 약 2,000기의 작전기 등 그 수량도 상당하다.

또한 중국에서는 지금까지 오랫동안 많은 병사들이 구식 무기를 들고 길고 긴 국경선을 지켜왔다. 예를 들면 약 2,000기의 작전기 대부분은 구소련에서 첫 비행을 한 후 50년 이상 된, 박물관에나 있음직한 비행기다. 그러나 최근 방위 예산이 확대되면서 근대적인 장비를 서둘러서 정리하고 있다. 예를 들면 신식 전자 기기를 탑재한, '4세대 전투기'로 불리는 전투기도 작전기 전체 중 약 350기를 점하기에 이르렀다.

일본의 주력 작전기도 이 4세대 전투기인데, 일본은 이를 300기 정도 보유하고 있다. 또한 타이완 해협을 사이에 두고 중국과 대치하고 있는 타이완은 4세대 전투기를 약 330기 보유하고 있다. 중국은 일본과 타이완에 필적할 만한 수의 신예기를 보유하고 있는 것이다. 나아가 2017년을 전후해서는 이 4세대 전투기를 700기 정도까지 증강할 가능성도 있다고 한다.

게다가 중국은 레이더로 탐지가 쉽지 않은 '스텔스 성'이라는 기능을 가진, 한층 최신식의 전투기 개발에도 나섰다. 앞으로 이와 같은 신형 전투기의 본격적인 배치가 진행되면, 주변국은 지금까지와 비교도 되지 않는 강력한 압박감을 느끼게 될 것이다.

2010년 1월에는 미국 정부가 타이완에 지대공 미사일인 'PAC 3', 군용 헬리콥터 '블랙 호크' 등의 신형 무기를 다수 매각한다고 발표하였다. 이는 바로 중국의 군비 확대에 대해 미국 정부와 타이완 지도부가 함께 위기감을 느낀 결과이다.

핵전력과 항공모함의 보유

중국은 핵전력도 보유하고 있다. 미국까지 도달하는 ICBM 46기, 이보다도 사정거리가 짧은 핵미사일 35기, 잠수함에서 발사하는 SLBM 12기 등을 보유하고 있는데, 이는 미국, 러시아에 이은 세계 3위의 규모이다.

또한 핵미사일을 탑재한, 소음이 거의 없는 최신식 원자력 잠수함도 서둘러서 배치 중이다.

원자력 잠수함은 통상 핵미사일 SLBM을 싣고 적국 바로 앞까지 가서 그대로 해저에서 수개월간 잠수한다. 원자력 잠수함은 소리가 거의 없어 발견되기 어렵고 연료를 보급 받지 않은 채 장기간 임무를 수행할 수 있으므로, 이와 같은 목적에는 최적의 무기이다. 그리고 본국의 지령이 있으면 적국을 향해 SLBM을 발사해 몇 분 뒤에 상대국의 도시나 기지를 핵폭발로 파괴시켜 버린다. 중국은 이와 같은 목적을 위해, 엔진 소리 등이 거의 없어 잘 발각되지 않는 최신식 원자력 잠수함을 건조하고 있다는 보도가 나오고 있다. 또한 항공모함을 보유하기 위해서도 나섰다.

1998년에는 우크라이나로부터 '와리야그'라는 항공모함을 미완성인 채로 구입하여 개수 공사를 하고 있다. 그리고 최근, 다른 2척의 중형 항공모함을 건조하고 있는 것으로 밝혀졌다. 이들 항공모함은 가까운 시일 내에 실제로 배치될 가능성도 있다. 와리야그는 항공모함을 운용하는 기술을 습득하기 위한, 말하자면 연습선과 같은 역할을 한다.

많은 전투기를 실은 항공모함은 존재 자체가 주변 각국에 커다란 위협이 될 것이다.

중국은 동남아시아 각국과 영해를 둘러싸고 대립 중에 있다. 중국이 관할하는 해역 가운데 '적지 않은' 비율이 다른 국가와의 분쟁 해역이라는 보도도 있을 정도이다. 만약 이처럼 분쟁이 있는 해역으로 중국의 항공모함이 방향키를 잡는다면, 관련 국가에서

취할 수 있는 대응책은 거의 없다. 중국의 군사력이 확대되는 것을 우려하는 목소리는 이와 같은 측면에서도 높아지고 있다.

앞으로 중국은 경제 성장과 더불어 많은 자원을 중동 등지에서 수입하게 될 것이다. 이때 자원을 수송하는 루트를 '항로(sea-lane)'라고 하는데, 이 항로는 일본도 가지고 있어 중국의 항로와 중복되는 부분이 많다. 만약 중국이 항로 방위를 명목으로 이 해역에 항공모함을 파견하는 일이 발생한다면 일본도 그 영향을 받을 것이다.

최근 일본 근해에서 중국 해군의 활동이 두드러지게 나타나고 있다. 예를 들면, 2010년 4월에는 구축함이나 잠수함을 포함한 중국 해군의 함대가 동중국해 훈련을 시작하였고, 오키나와 본섬과 미야코지마(宮古島) 사이의 해역을 통과하기도 하는 등 일련의 사태가 목격되었다. 지금까지 중국은 일본에 경계심을 부추기는 이와 같은 활동을 거의 하지 않았다. 따라서 이는 중국이 동중국해 해역에서의 존재감을 높이려는 활동의 하나가 아닐까 하는 보도들을 일본 언론에서 전하고 있다.

또한 현재 중국은 중남미 여러 국가들과 활발한 군사 교류를 진행하고 있다. 중국이 항공모함을 보유했을 때 갖출 함재기 파일럿의 훈련, 중국 해군의 중남미 거점 기지 확보, 중국으로부터 무기 매각 등 다양한 각도에서 제휴를 진행하고 있는 것이다.

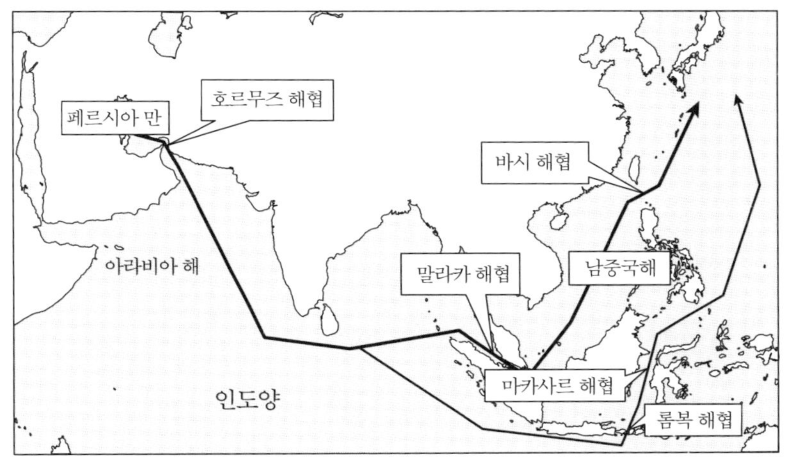

일본의 항로(sea-lane). 페르시아 만에서 석유 등을 운반하는 일본의 항로는 중국의 항로와 겹치는 부분이 많다. 그 관리를 위해 앞으로 일본과 중국 간의 현안으로 떠오를 가능성이 있다.

머지않은 미래에 '미국의 뒷마당'으로 불린 중남미의 항구에 중국의 해군력을 과시하는 거대 군함이 입항할지도 모를 일이다. 중국은 동아시아뿐 아니라 세계 전역에서 그 영향력을 강화하려 하고 있다.

게다가 중국은 인터넷을 이용한 '사이버 공격' 능력 면에서 세계 굴지의 능력을 보유한 것으로 추정된다. 실제로 중국 국내 각지에 사이버 전쟁을 전담하는 '전자 집단'을 배치한 것으로 보도되었다. 이러한 능력은 21세기형 전쟁을 수행하는 데 큰 힘을 발휘하기 때문에 구미 각국이나 일본 등지에서는 중국의 사이버 능력을 항상 주시하고 있다.

러시아의 강력한 핵전력

일찍이 초강대국의 일원이었던 러시아의 군사력에 대해 잠시 살펴보겠다.

러시아는 군사 관련 예산 면에서 중국에 뒤처지기는 하지만, 지금까지 일관되게 세계 굴지의 군사력을 자랑해 온 국가이다. 러시아의 군사력 예산은 《밀리터리 밸런스》 보고서에 따르면, 2006년의 수치로 약 700억 달러이다. 미국, 중국에 이어 세계 3위를 차지한다.

특히 강조해야 할 부분은 러시아의 핵전력으로, 430기의 ICBM, 272기의 SLBM, 핵폭탄을 탑재한 대형 폭격기 80기, 여기에 핵탄두 3,909발을 보유하고 있다. 이는 미국에 육박하는 규모이다. 중국이나 영국, 프랑스 등 그 밖의 핵 보유 국가가 가지고 있는 핵탄두 수는 러시아의 10분의 1 수준에도 미치지 못한다.

러시아는 이처럼 강력한 핵전력을 자국의 군사 전략의 핵심에 두고 있다. 2010년 2월에 발표된 새로운 '군사 독트린(기본원칙)'에서도 "핵무기는 군사 분쟁을 억제하는 수단의 하나로서 충분한 양을 유지한다"고 명기하였다. 요컨대 러시아는 앞으로도 지금까지와 마찬가지로 대량의 핵무기를 보유하며, 만약 러시아를 공격하는 국가가 있다면 대량 핵무기를 사용해 보복하겠다는 선언을 한 셈이다. 이러한 러시아의 전략은 구소련 시대부터 거의 변함이 없다.

또한 러시아는 해상 병력과 항공 병력도 강력하다. 배수량 합계 203만 톤(1,040척)의 해상 병력, 작전기 수 2,180기의 항공 병력을 보유하고 있어, 모두 미국에 이은 세계 2위의 규모를 자랑한다.

그리고 러시아는 구소련 시대부터 이어져 온 군수산업이 여전히 활발히 움직이고 있다. 이를 통해 최신예 전투기와 전차 등이 줄지어 생산되고 있는 것이다.

예를 들면 2010년 1월에 공개된 'T 50형'으로 불리는 신형기는 미국의 최신예기에 못지않은 성능을 갖추고 있다. 특히 상대국 레이더에 잡히지 않는 스텔스 성능이 높다는 점과 속도나 회전 성능 등 비행 능력이 탁월한 점에 주목이 모아지고 있다.

또한 러시아의 정규군 수는 103만 명으로, 중국, 미국, 인도, 북한에 이은 세계 5위의 규모이다.

현재 러시아와 중국은 구소련 땅인 카자흐스탄, 우즈베키스탄, 타지키스탄, 키르기스 등의 국가와 함께 '상하이 협력 기구'라는 지역적 틀을 마련하였다. 표면적으로는 치안 유지와 경제, 문화 등에서의 협력을 도모하기 위한 것이라고 하지만, 각국의 군사 관계자들은 미국에 대항하기 위한 의미도 클 것이라고 추측하고 있다.

한편 러시아 군사력의 앞으로의 행보와 관련해서는 러시아 국내의 젊은 층 인구 감소와 병사의 질 저하라는 문제점이 지적되고 있다. 이는 모두 매우 심각한 문제로, 이 문제가 해결되지 않을 경우 러시아의 군사 대국으로서의 지위는 결국 저하될 것이라는 의견까지 나오는 실정이다.

일본의 군사 예산

그러면 여기서 일본의 상황에 대해서도 잠시 살펴보겠다.

2009년도 일본의 군사 예산(국방 관련 예산)은 약 4조 7,700억 엔이었다. 이는 세계에서도 손꼽을 만한 액수이다.

한편 일본의 군사 예산 규모를 살펴볼 때 알 수 있는 것이 있다. 경제(GDP)와 비교했을 때의 비율이 비교적 낮다는 점이다. 일본은 GDP에서 차지하는 군사 예산 비율이 2007년 수치로 0.93퍼센트, 즉 1퍼센트를 밑도는 수치이다.

이에 비해 미국은 3.99퍼센트, 영국은 2.28퍼센트, 프랑스는 2.37퍼센트, 중국은 1.42퍼센트, 독일은 1.27퍼센트 수준이다. 이 가운데 중국의 군사 예산은 실제로 이보다 훨씬 높을 가능성이 있다. 그 밖의 주요 선진국을 보아도 일본보다 이 비율이 낮은 국가는 덴마크(0.19퍼센트)와 룩셈부르크(0.57퍼센트), 그리고 뒤에서 소개할 아이슬란드 정도이다.

일본의 군사력은 금액으로 보면 세계에서도 손꼽히는 규모이지만, 경제와 비교하면 상당히 적은 규모로 제어되고 있다고 할 수 있다.

미국과의 관계

이와 관련해서 생각해 보아야 할 문제가 있다. 오키나와 후텐마(普天間) 기지의 일본 반환을 둘러싼 문제이다.

미국이 현재 전세계에 한층 간편하고 빠른 긴급 활동 태세를 갖추려 하고 있다는 사실에 대해서는 앞에서 소개하였다. 그 일환으로 미국은 오키나와의 미군 일부를 자국령인 괌 등지로 철수하려는 계획을 갖고 있다. 후텐마 기지의 반환은 그러한 흐름 가운데 나온 정책이다. 그리고 후텐마 기지를 반환하는 대신에, 다른 장소에 군용 공항을 건설하기로 일본 정부와 미국 정부 사이에 약속이 있었다. 그런데 이것이 정권 교체 등으로 어려움을 겪게 되었다.

당시 군용 공항을 건설할 장소를 서둘러 정해야만 했던 사람들은, 만약 미군이 화가 나서 철수해 버리면 일본이 단독으로 국토를 지켜야 하는데, 그렇게 되면 국방 관련 예산이 갑자기 증가할 것이라는 의문을 던졌다. 어떤 의미에서는 미국의 존재가 있어서 일본의 군사 예산이 지금 수준에서 해결되었다는 것도 틀린 말은 아니다. 그러나 한편으로 미군 기지 주변에서 사건이 발생했다는 소식을 듣거나 배려 차원의 예산으로 미군의 후생복리 등을 위해 일본 정부가 매년 거액의 비용을 지불하고 있다는 보도를 접하게 되면 여러 가지를 생각하게 된다.

군사력이 약한 국가

그러면 마지막으로 군사력이 가장 약한

국가를 알아보자.

사실 세계에는 '비무장 국가'로 불리는 나라도 있다. 말 그대로 무장을 하지 않은, 군비를 갖추지 않은 국가이다. 한 국가의 군대가 가진 전투력이나 이에 따라 주변 국가에 미치는 영향력을 군사력이라고 한다면, 비무장 국가는 군사력이 제로인 것이다.

이러한 비무장 국가로는 중미의 코스타리카, 파나마, 유럽의 아이슬란드와 리히텐슈타인 등이 있다. 바티칸도 이러한 국가 중 하나다. 이들 비무장 국가는 여러 가지 이유로 군대를 보유하지 않고 있다.

그럼 먼저 초소형 국가인 리히텐슈타인부터 살펴보겠다.

리히텐슈타인은 인구 약 3만 5,000명의 작은 국가이다. 이 정도 규모의 국가이므로 대규모 군대를 보유하는 것은 무리이다. 만약 다른 나라의 공격이 있을 경우에 자국을 혼자서 지키는 것은 불가능할 것이다.

그래서 리히텐슈타인은 외교나 방위 문제 대부분을 역사적으로 깊은 관계를 맺고 있는 이웃 나라 스위스에 맡기고 있다. 따라서 리히텐슈타인은 스위스를 방패삼아 방위를 위탁한 셈이다.

리히텐슈타인이 군대를 해산한 것은 일본에서 메이지 유신이 있었던 1868년의 일이다. 이후 리히텐슈타인이 두 차례의 세계대전이나 냉전 시대에도 '비무장 중립'을 지킬 수 있었던 것은 이러한 이유가 있었기 때문이다.

다음은 중미의 파나마이다.

파나마는 홋카이도(北海道)보다 약간 작은 7만 5,500평방킬로미터 정도의 면적에, 인구는 330만 명 정도이다. 사실 파나마는 1989년까지 군대를 보유하고 있었다. 그러나 이 해에 미국은 "마약 거래를 하고 있는 독재자를 제거한다"는 명목으로 파나마를 침공하였고 순식간에 독재자인 노리에 장군을 체포하였다.

이 과정에서 벌어진 전투로 인해 수천 명이나 되는 일반 시민이 목숨을 잃었다. 이에 대해 국제사회에는 "침략을 금지하는 국제법 위반이다", "미국이 파나마 운하의 권익을 장악하려는 의도이다"라는 비판과 의문을 갖는 목소리까지 있었다.

파나마가 군대를 해산한 것은 이때였다. 앞으로 미국이 방위 의무를 담당할 것이라는 발표와 함께 미국이 파나마의 군대를 강제로 해산했던 것이다.

파나마는 비무장 국가임에는 틀림없지만, 여기에는 이처럼 특수한 사정이 깔려 있다.

코스타리카

이번에는 코스타리카의 상황에 대해 살펴보겠다.

코스타리카는 중미에 있으며 면적이 일본의 7분의 1인 5만 1,000평방킬로미터, 인구가 450만 명 정도인 국가이다. 평화 외교를 중시하며 정치 사정도 안정되어 있어 1949년에 헌법을 통해 군대를 해산하였다.

코스타리카가 군비를 폐지할 수 있었던 배경에는, 1948년에 실시한 대통령 선거 후의 혼란으로 내전이 일어나 2,000여 명의 사망자를 낸 일이 발생했기 때문이다. 이 일로 인해 국민들 사이에 전쟁에 대한 혐오감이 번지면서 많은 국민이 평화를 지향하게 되었다. 또한 코스타리카는 주변국과 전쟁을 하게 되는 사태를 피하기 위해 주변국과, 그리고 중남미에서 큰 영향력을 가진 미국과 우호적인 관계를 구축하는 데 상당히 많은 노력을 기울이고 있다.

코스타리카의 이와 같은 노력은 높이 평가받을 만하다. 그러나 이러한 노력이 결실을 맺기 위해서는 여러 가지 조건이 마련되어야 한다. 세계 대부분의 지역에서는 군사력을 이용하거나 과시하면서 자국의 영향력을 강화하려는 국가가 여전히 많이 존재한다. 코스타리카가 기울이고 있는 노력은 어느 국가에서나 가능한 일은 아니다.

아이슬란드

경제협력개발기구(OECD)에 가입한 선진국 중에서 유일하게 비무장을 관철시키고 있는 국가인 아이슬란드에 대해서도 잠시 살펴보겠다.

아이슬란드는 북대서양에 있는 섬으로, 면적이 10만 평방킬로미터인 데 비해 인구는 31만 명이다.

아이슬란드는 군대를 보유하고 있지 않다는 점에서 비무장 국가이지만, 미국과 유럽의 주요 국가가 가입한 집단 안전보장 기구인 북대서양조약기구(NATO)에는 가입되어 있다. 다시 말해 아이슬란드를 공격하는 국가가 있다면 미국 등 다른 NATO 회원국의 반격을 받게 될 것이다. 현재의 국제정세 속에서 섣불리 아이슬란드를 공격하려는 국가가 있을 리 없다. 이 때문에 아이슬란드는 지금까지 비무장이라는 선택이 가능한 것이다.

다만 우려되는 점도 있다. 사실 아이슬란드는 비무장 국가이기는 하지만 지금까지 미국이 아이슬란드 국내에 기지를 갖추고 미군 부대를 주둔시켜 왔다. 그러나 냉전이 끝나고 소련을 계승한 러시아의 공격 가능성이 낮다는 판단이 서자 미국의 전략에 변화가 생겼다. 따라서 긴급 사태가 발생했을 때 미군이 신속하게 달려가 대처할 수 있는 태세를 정비함과 동시에, 한편으로 필요성이 약화된 각국의 미군 기지를 축소해 갔다. 이에 따라 아이슬란드에 주둔해 있던 미군도 2006년 9월에 철수하였다.

아이슬란드에 군대가 주둔해 있지 않은 상태는 현재까지 지속되고 있다. NATO의 일원인 아이슬란드를 공격하려는 국가가 있을 것이라는 점은 현재로서 고려할 사항이 아니므로 당장은 문제가 없을 것이다. 그러나 미래의 일은 알 수 없다. 아이슬란드의 경우 역시 매우 특수한 비무장 상황이라고 할 수 있다.

이처럼 군대를 보유하지 않은 비무장 국가에게는 각각 특수한 사정이 자리해 있다. 또한 어떤 형태로든 문제나 과제를 안고 있는 경우도 있다.

그러므로 군대를 보유하지 않은 국가가 존재한다고 해서, "다른 국가들도 군대를 해산해 비무장을 해야 한다"고 단순하게 결론지어 이야기할 수 없는 사안이다. 이는 현재 국제사회의 커다란 문제점이기도 하다.

4장 석유

석유라는 자원

현재 인류의 생활을 유지해 나가기 위해 결코 빼놓을 수 없는 자원 중 하나가 석유이다.

석유는 단순히 에너지 자원으로서의 가치만이 아니라 플라스틱을 비롯한 각종 소재의 원료로서도 엄청난 가치를 지닌다.

석유로 만든 제품으로는 각종 플라스틱 제품에서 타이어 등 합성 고무를 이용한 가공품, 도료나 합성 세제, 농약, 의약품 등에 이르기까지 이루 헤아릴 수 없을 정도이다. 또한 연료로서도 휘발유, 경유, 등유, 중유 등 여러 가지 형태로 정제되어 사용되고 있다.

이러한 제품들이 모두 없어져 버린다면 우리의 생활이 유지될

리가 만무하다. 인류는 지금 석유라는 하나의 자원에 지나치게 의존해 생활하고 있는 것이다.

오일 메이저

'오일 메이저(Oil Major)'라는 말을 들어본 적 있는가? 이는 본래 구미 지역의 거대 석유 기업을 가리키는 말이다. 이전에는 7개 회사가 있어 '세븐 시스터즈(Seven Sisters)'라고 불렸지만, 현재는 합병 등으로 인해 '엑슨 모빌(Exxon Mobil)', '로열 더치 셸(Royal Dutch Shell)', 'BP', '셰브런(Chevron)', '토탈(Total)' 등 5개 회사로 집약되었다.

참고로, 엑슨 모빌과 셰브런은 19세기 미국에서 석유를 독점한, 록펠러가 이끄는 '스탠더드 오일'을 모체로 한 기업이다. 스탠더드 오일은 1911년에 미국의 독점 금지법에 따라 몇 개 회사로 분할되었다. 1장에서 소개한 뉴저지 스탠더드 오일은 이렇게 탄생한 기업 중 하나이다. 그후 분할된 회사가 다시 합병을 반복하면서 현재의 엑슨 모빌과 셰브런이 탄생한 것이다.

이들 기업은 전세계에 진출하여 유전을 개발, 원유를 생산해서 유조선을 통해 자국의 거대한 정유소로 운반한다. 그리고 원유를 정제하여 휘발유나 경유, 중유, 플라스틱 등의 원료가 되는 나프

타와 같은 것을 생산해 낸다. 그리고 전세계의 주유소를 통해 휘발유 등을 소비자에게 판매한다.

오일 메이저는 유전의 탐광·굴삭에서부터 주유소 운영까지 석유와 관련한 모든 사업을 관할한다는 점이 가장 큰 특징이다. 이와 같은 사업 형태를 경제학이나 경영학에서는 '수직통합'이라고 부른다.

수직통합을 통해 수많은 사업 영역을 총괄하고 있기 때문에 이들 기업은 매우 거대한 규모를 자랑한다. 매출과 이익 역시 세계 기업 중에서 최고 수준이다.

오일 메이저가 장악한 석유는 지금도 적지 않은 양이지만, 예전의 오일 메이저는 전세계의 석유를 거의 다 지배했다고 해도 과언이 아닐 만큼 강력한 영향력을 가지고 있었다. 중동 산유국의 석유 자원 역시 처음에는 오일 메이저들이 중심이 되어 개발한 것이다.

이들의 영향력을 지탱한 비밀협정이 있다. 바로 1928년에 오일 메이저 각 사의 간부 간에 체결된 '아크나카리 협정(Achnacarry Agreement)'이라는 밀약이다. 이 밀약은 석유 생산량 등을 자신들의 상황에 맞추어 제어하는 것으로, 기업 간의 건전한 경쟁을 막는 내용이 포함되어 있다. 물론 이 협정은 현재의 시각에서 보면 완전히 위법행위지만, 제2차 세계대전 때까지 이 밀약은 유지되었다. 그리고 오일 메이저 각 사는 1973년의 제1차 석유 파동(오

일 쇼크)이 일어날 때까지 석유 업계를 지배하면서 거대한 이익을
올렸던 것이다.

OPEC의 석유 지배

그러나 이윽고 구미 지역의 오일 메이저
각 사의 석유 지배도 종말을 맞이한다. 그 직접적 계기는 1960년
9월, 석유수출국기구(OPEC)의 설립 때문이다.

당시 중동 등 산유국들의 석유는 오일 메이저에서 좌지우지하
고 있었다. 그래서 산유국의 석유 수익은 그들의 바람과 달리 많
지 않은 상태였다.

이에 대해 사우디아라비아와 이란, 이라크, 쿠웨이트, 그리고
남미의 베네수엘라 등 5개국은 OPEC라는 조직을 만들어 오일 메
이저에 대한 교섭력을 강화하고자 하였다. 당초 5개국으로 시작
된 OPEC는 이후 가입국이 늘어 현재 12개국이다. OPEC의 교섭
력은 이 과정에서 점차 강화되어 갔다.

그리고 1973년에 발생한 제1차 석유 파동은 OPEC의 영향력을
더욱 강력하게 만들어주었다. 이 해 10월, 아랍 여러 국가와 이스
라엘 사이에 제4차 중동전쟁이 발발하였다. 이에 대해 아랍 산유
국들은 이스라엘과 밀접한 관계에 있는 미국 등에 대한 원유 금수

조치를 단행하였고, OPEC 회원국인 페르시아 만의 6개국은 원유 공시 가격을 1배럴(약 159리터) 당 3.01달러에서 5.12달러로 인상하였다. 게다가 같은 해 12월에는 또 다시 원유의 공시 가격을 11.65달러로 인상한다고 발표하였다.

이로 인해 선진국의 경제는 대혼란에 빠졌다. 일본도 크게 영향을 받아 이듬해인 1974년에 제2차 세계대전 후 처음으로 마이너스 경제 성장을 기록하기도 하였다. 선진국조차 OPEC의 영향력이 얼마나 대단한지를 실감하게 된 사건이었다.

이와 같은 상황 속에서 OPEC 각국은 1970년대 이후, 자국 내 유전의 권익을 오일 메이저에게서 되찾아올 수 있었다. 오일 메이저는 현재, 일찍이 중동 여러 국가에서 보유했던 유전의 권익을 모두 상실하였다. OPEC 가입국이 장악한 유전에서 생산된 원유 생산량이 세계 원유 생산량의 대부분을 차지하는 데 반해, 오일 메이저 각 사의 원유 생산량은 세계 전체의 10퍼센트도 되지 않는다. 지금 국제적인 석유 시장의 지배자는 OPEC 가입국으로 이행되었다고 해도 틀린 말은 아닐 것이다.

현재의 오일 메이저

그렇다고 해서 오일 메이저의 활동이 막

을 내린 것은 아니다.

오일 메이저 각 사는 중동 여러 국가에서의 석유 권익을 상실한 뒤, 유럽 북부의 북해 유전, 알래스카 유전 등의 개발을 적극적으로 추진하여 큰 성공을 거두었다.

그리고 오일 메이저는 오랫동안 연구해 온 최첨단 굴삭 기술 등을 활용하여 OPEC 각국에서의 새로운 석유 자원 개발에도 참여하였다.

예를 들면 산유국에게 자금과 기술을 제공하기로 하고 새로운 유전을 개발하여 그 대가로 원유를 받는, '생산물 분여 계약 방식(PS 계약 방식)'을 체결하는 경우도 많아졌다. 오일 메이저가 보유한 최신 기술은 OPEC 각국에게는 여전히 아주 매력적인 유혹인 것이다.

또한 원유를 정제하여 거기에서 만들어낸 휘발유나 나프타 등의 석유 제품을 전세계에 판매하는 노하우나 설비의 완비 등과 같은 측면에서 오일 메이저를 능가할 곳은 없다.

이와 같은 몇 가지 이유로 오일 메이저 각 사는 지금도 거대한 기업 규모를 자랑하며 세계 기업으로서 막대한 이익을 올리고 있다.

석유 고갈론

석유와 관련해서 몇 십 년 전부터 일부 전문가와 저널리스트들은 이제 석유 자원이 바닥을 보일 시기가 가까워졌다는 '석유 고갈론'을 펴왔다. 이는 머지않은 미래에 석유 생산이 절정을 맞아 이후 점차 그 양이 줄어들 것이라는 주장으로, '피크 오일(peak oil) 설'이라고도 부른다.

이와 관련하여 일본의 석유 광업 연맹은 2007년에 세계의 석유 자원이 고갈되는 것은 68년 정도 뒤라고 발표하였다. 2075년을 전후하여 석유를 다 써버릴 가능성이 높다는 지적이다. 이 68년이라는 수치는, 지금까지 발견된 석유의 매장량을 석유 연간 사용량으로 나눈 37.6년에, 기술 혁신 등에 의한 채굴량의 증가 예상분 16.6년, 미발견 석유 추정 매장량 13.9년을 더한 수치이다.

이 수치에 대해서는 여러 기관에서 서로 다른 전망을 발표하고 있지만, 앞으로 에너지원이나 소재 원료로서의 석유를 대체할 자원을 개발해야 한다는 점만은 분명하다.

최대의 석유 산출국, 러시아

이상은 매우 대략적으로 살펴본 석유를 둘러싼 현재 상황이다.

그러면 이 석유를 가장 많이 산출하고 있는 국가는 어디일까?

2008년의 추정치로 볼 때, 세계 제일의 산출국은 러시아이다. 그 산출량은 약 5억 6,600만 킬로리터이다. 이는 세계 전체의 약 13퍼센트에 해당하는 양이다. 뜻밖에도 현재 석유 산출량 세계 1위는 중동의 산유국이 아니라 러시아였던 것이다.

러시아는 석유와 함께, 뒤에 소개할 천연가스의 최대 산출국이다. 2000년 이후 에너지 자원 가격이 급상승함에 따라 막대한 이익을 얻었다. 이에 러시아에는 많은 '석유 기금'이 조성되었고 국가 수입도 증가하면서 이를 바탕으로 최신식 무기의 개발과 구입이 이어졌다.

2008년 여름, 세계 금융 위기가 있은 뒤, 석유와 천연가스의 가격도 하락하여 러시아 경제도 다소 하락하였다. 그러나 앞으로 세계 각국의 경제가 회복세를 보이고 있고 에너지 자원 가격이 상승함에 따라 러시아 경제도 부활할 가능성이 있다.

다만 러시아 경제에는 큰 문제가 있다. 바로 경제를 지탱하는 큰 버팀목이 두 가지밖에 없다는 점이다. 하나는 군수 산업이고, 또 하나는 이 에너지 산업이다.

러시아는 군수 산업을 통해 구소련 시대부터 계속 이어온 최첨단 개발 기술을 활용하여 고성능 무기를 개발해 이를 세계 각국에 판매해 왔다. 무기의 수출 총액은 밝혀진 것만 2008년에 59억

5,000만 달러로, 세계 제일의 무기 수출 대국인 미국에 뒤지지 않는 규모이다.

한편 에너지 산업은 러시아 경제의 열쇠를 쥐고 있는 존재이다. 예를 들면 러시아의 전체 노동자 가운데 에너지 관련 업계에 종사하는 사람의 비율은 무려 14퍼센트나 된다. 또한 러시아 연방 세입의 약 40퍼센트, 광공업 생산액의 30퍼센트 이상이 에너지 산업에서 나온다. 그리고 2005년의 수치에서 러시아의 수출 총액 가운데 원유와 천연가스의 비율이 61퍼센트를 차지하였다. 그 나머지는 금속이나 광물 자원, 목재, 무기와 같은 상품이 차지하였다.

사우디아라비아

러시아 다음으로 석유 산출량이 많은 국가는 중동의 사우디아라비아이다.

2008년에는 세계 전체 석유 산출량의 약 12퍼센트에 해당하는 약 5억 1,700만 킬로리터의 원유를 산출하였다. 주목되는 것은 사우디아라비아가 그 풍부한 자원을 배경으로 미국과 매우 밀접한 관계를 유지하고 있다는 점이다.

사우디아라비아는 자국의 자원을 판매함으로써 전세계로부터 방대한 자금을 모으고 있다. 사우디아라비아에서는 강력한 권력을 장악한 왕가인 사우드 가문이 국가 전체를 지배한다. 내정, 외교, 그리고 군사 등 모든 분야의 주요 지위를 사우드 가의 왕족이 차지하고 있다. 또한 세금이 거의 없는 대신에 민주적인 선거제도도 없으며, 학교에서는 철저한 종교 교육이 이루어진다. 나아가 여성은 전신을 감싸는 아바라는 망토나, 머리카락 전체를 덮는 히잡이라는 베일을 착용해야만 외출할 수 있다. 살인범 등의 범죄자에게 공개 처형을 실시하기도 한다.

이처럼 사우디아라비아는 구미의 가치관과 양립할 수 없는 제도를 갖추고 있지만, 미국은 이에 대해 지적을 하는 경우가 거의 없다. 이는 사우디아라비아가 풍부한 석유 자원을 보유하고 있기 때문이다.

양국이 밀접한 관계를 맺기 시작한 것은 제2차 세계대전이 종결되기 직전의 일이다. 1945년 2월, 미국의 루즈벨트 대통령과 사우디아라비아의 압둘라 아지즈 국왕이 미국의 군함에서 회견을 가졌다. 이때 사우디아라비아가 미국에 안정적으로 석유를 공급하는 대신에, 미국은 사우디아라비아의 방위를 맡는다는 약속을 하였다. 이에 따라 양국은 종종 '피와 석유의 관계'로 불리는 밀접한 관계를 형성해 왔다.

1990년 8월, 후세인 대통령의 명령을 받은 이라크 군이 이웃 국가인 쿠웨이트를 침공했다. 위기감을 느낀 사우디아라비아는 자국 내에 미군이 주둔하는 것을 허락하였다. 9·11 테러를 일으킨 것으로 알려진 오사마 빈 라덴은 사우디아라비아 출신이지만, 당시 오사마 빈 라덴은 자랑스러운 자국 안에 미군이 들어오는 것에 크게 분노를 느껴 이 일로 인해 미국에 대한 테러를 계획하게 된 것이다. 사우디아라비아의 석유를 바탕으로 한 '피와 석유의 관계'는 9·11 테러와도 관련이 있다.

그 밖의 거대 산유국

그러면 러시아와 사우디아라비아를 잇는 석유 산출국에는 어떤 국가들이 있을까?

2008년의 추정 산출량을 살펴보면, 위에서부터 미국(약 2억 8,400만 킬로리터), 이란(약 2억 2,600만 킬로리터), 중국(약 2억 2,100만 킬로리터), 멕시코(약 1억 6,300만 킬로리터), 아랍 에미리트 연합(UAE, 약 1억 5,200만 킬로리터), 캐나다(약 1억 4,900만 킬로리터), 이라크(약 1억 3,700만 킬로리터), 베네수엘라(약 1억 3,600만 킬로리터) 등의 순서이다.

사실은 미국도, 중국도 거대한 산유국이다. 드넓은 국토를 보유한 국가는 보유한 자원의 양도 거대하다는 것을 이를 통해 알 수 있다. 다만 미국과 중국은 국내에서 사용하는 석유의 양도 방대하

(단위: 킬로리터)

러시아	5억 6,642만
사우디아라비아	5억 1,651만
미국	2억 8,437만
이란	2억 2,634만
중국	2억 2,053만
멕시코	1억 6,250만
UAE	1억 5,182만
캐나다	1억 4,915만
이라크	1억 3,725만
베네수엘라	1억 3,638만

석유 산출량이 많은 국가(2008년). 러시아와 사우디아라비아, 이란과 같은 국가뿐 아니라 미국이나 중국도 거대 산유국이라는 사실을 알 수 있다.

기 때문에 석유 수입 대국이기도 하다.

캐나다는 '오일샌드'라고 불리는 고체 혹은 매우 점성이 높은 상태의 액체로 된 무거운 원유를 많이 산출한다. 지금까지 대부분을 미국에 수출했지만, 중국의 석유 회사 등도 최근 이에 주목하기 시작하였다.

이라크도 세계에서 손꼽히는 석유 산출국이다. 그래서 미국이 이라크를 침공한 이유가 석유 때문이라는 주장도 있다. 다만 지금으로서는 이를 증명할 분명한 증거는 없다. 오히려 2009년 12월까지 실시된 이라크 국내의 유전 개발에 관한 입찰에서 미국의 기업은 전체에서 20퍼센트 정도만이 낙찰을 받았다. 적어도 이러한 점을 고려해 볼 때, 미국의 침공이 석유를 목적으로 한 것이라는 비판은 빗나간 지적이 아닌가 하는 의견도 있다.

베네수엘라에서는 대통령인 우고 차베스가 그 풍부한 자원을 배경으로 한 원조 등을 통해 중남미에서의 발언권을 강화하고 있다. 차베스 대통령은 기회가 있을 때마다 미국에 대해 국제사회의 장에서 비판을 가하고 있는데, 이 역시 석유를 판매한 막대한 자금이 있기 때문에 가능한 것이다.

아프리카의 석유

아프리카에도 산유국이 있다. 예를 들면 나이지리아와 앙골라, 리비아와 같은 국가는 베네수엘라에 필적할 정도의 산유량을 자랑한다.

최근 이 아프리카 산유국에 중국이 적극적으로 진출하고 있다. 중국은 경제 발전을 위해 대량의 석유를 필요로 하며, 이에 새로운 석유 공급처로서 아프리카를 주목하였다. 미국 역시 '아프리카 군(軍)'이라는 조직을 발족시켜 아프리카에서의 존재감을 높이고 있다. 아프리카를 무대로 한 미국과 중국의 세력 경쟁이 시작된 것이다.

그러나 이와 같은 아프리카 진출과 관련해서 문제점을 지적하는 목소리도 많다.

그러한 지적 중 하나는 환경 규제 등이 아직 마련되지 않은 이들 국가에서 유전을 개발함으로써 심각한 환경 파괴가 발생할 것이라는 우려이다. 유전 주변은 하천이나 토지가 오염되어 농업이나 어업이 불가능해지는 경우가 많기 때문이다.

또 다른 문제점은 유전 개발로 이 지역의 지배자에게 많은 자금이 돌아감으로써 결과적으로 그 국가의 민주화에 제동이 걸릴 수 있다는 우려이다. 이 지역의 지배자들에게 무기가 매각되고 있다는 보도도 나오고 있다. 즉 '석유와 무기의 교환'인 것이다. 독재자들이 대량의 무기를 보유하게 되면 그 국가의 민주화는 요원해지고 말 것이다.

또한 중국 등이 자국의 노동자를 대거 아프리카 각국의 유전으로 보낼 것이라는 우려의 목소리도 높다. 아프리카에서 각지에 '중국인 마을'이 형성되면서 현지인들과 충돌을 일으킬 가능성이 높다는 것이다.

석유 매장량

　　　　지금까지 석유의 '산출량'에 대해 알아보았다. 그러면 확인된 석유의 '매장량'은 얼마나 될까? 매장량이란, 선유국의 유전에 매장되어 있을 것으로 예상되는 원유의 양이다.

매장량 1위는 사우디아라비아이다. 추정 매장량은 세계 전체의 약 20퍼센트인 420억 킬로리터 정도로 추정된다. 이 수치 자체는 앞으로의 기술 발전 정도에 따라 달라지겠지만, 사우디아라비아가 세계 최대의 산유국 중 하나라는 사실은 변하지 않을 것이다.

사우디아라비아에 이은 2위는 캐나다이다. 추정 매장량은 283억 킬로리터이다.

그 뒤를 잇는 국가는 이란(216억 킬로리터), 이라크(183억 킬로리터), 쿠웨이트(161억 킬로리터), 베네수엘라(158억 킬로리터), UAE(156억 킬로리터), 러시아(95억 킬로리터), 리비아(69억 킬로리터), 나이지리아(58억 킬로리터)의 순으로 이어진다.

나이지리아는 풍부한 자원을 보유하고 있지만 국민 대부분은 빈곤으로 고통 받고 있는 국가이다. 이 국가의 상황에 대해서는 5장에서 다시 소개하겠다.

석유 수입 대국

이번에는 석유 수입 대국에 대해 살펴보겠다.

1위 국가와 하위 국가들을 소개하겠다는 이 책의 구성으로 볼 때, 석유 수입 대국이 석유 자원의 측면에서는 최하위 국가일 수도 있다.

2006년의 수치로, 원유 수입량이 가장 많은 국가는 미국이다. 미국의 수입량은 무게로 5억 3,800만 톤이다. 세계 각국의 수입량 전체 중 약 25퍼센트를 차지하는 비중이다. 미국은 산유국이지만, 세계 최대의 경제 규모를 가지고 있어 많은 석유를 수입해야 하는 상황이다.

미국에 이은 수입 대국은 일본이다. 2006년의 수입량은 1억 9,800만 톤으로, 세계 전체의 9퍼센트를 차지한다. 일본에서는 석유가 나오지 않기 때문에 국내에서 사용하는 석유의 거의 전량을 수입에 의존하고 있다.

이어서 3위는 중국으로, 석유 수입량은 1억 4,500만 톤이다. 중국에서는 최근 경제가 급속히 확대되고 있어 국내에서의 석유 소비량도 급증하고 있다. 따라서 중국 내에서 생산하는 석유만으로는 충당할 수 없기 때문에 수입량이 급격하게 증가한 것이다. 앞으로 중국에서는 더 많은 석유를 수입하게 될 것이다. 그리고 3장에서도 소개하였듯이, 중국은 석유를 운반하기 위한 통로인 '항로(sea-lane)'를 지키기 위해 해군력도 증강하고 있는 중이다. 이로 인해 일본을 포함한 인접 여러 국가와 긴장 관계를 생성할 가능성 도 있다.

석유 수입량의 규모는 중국에 이어 한국, 인도, 독일, 이탈리아, 프랑스, 스페인의 순서로 이어진다. 신흥국인 인도도 중국과 마찬가 지로 석유 수입량이 급증하고 있다. 신흥국에서의 석유 수입량 급증 은 석유를 둘러싼 국제정세를 불투명하게 만드는 경향이 있다.

급증하는 천연가스 소비량

석유와 관련된 이야기는 이 정 도로 마무리하고, 다음으로 천연가스에 대해 알아보자.

'천연가스'라는 말을 들으면 무엇이 연상되는가?

아마도 대부분 "특별히 떠오르는 것이 없다"고 대답할 것이다. 그 정도로 일상생활에서는 그다지 들을 기회가 없다. 그러나 사실 천연가스는 바로 도시가스의 원료 등으로 사용되는, 우리와 깊이 관련된 가스이다. 유럽에서는 난방 등의 연료용으로 사용되는 천 연가스의 비율이 높아, 일상생활에서 빼놓을 수 없는 중요한 역할 을 담당한다.

천연가스는 최근에 소비량이 급증하고 있다. 미국의 에너지성에 따르면, 2030년까지 선진국에서의 천연가스 소비량이 석유 못지않을 것이라고 한다.

그러면 천연가스를 많이 생산하는 국가는 어디일까?

2006년의 수치로, 1위는 러시아이다. 그 생산량을 열량으로 환산하면 245억 기가줄(GJ. 1 기가줄은 약 24만 킬로칼로리)이다. 이는 세계 전체 생산량의 약 22퍼센트를 차지한다.

2위는 미국으로, 201억 기가줄을 생산하고 있다.

그리고 이어서 캐나다(72억 기가줄), 이란(41억 기가줄), 알제리(39억 기가줄), 노르웨이(36억 기가줄), 영국(34억 기가줄)의 순서로 이어진다.

한편, 천연가스의 수출과 관련해서는 1위가 러시아이며, 수출량은 76억 기가줄로 세계 전체의 22퍼센트를 차지한다.

2위는 캐나다로 39억 기가줄이다. 이어서 노르웨이(34억 기가줄), 알제리(27억 기가줄), 투르크메니스탄, 네덜란드(모두 18억 기가줄), 인도네시아(14억 기가줄), 말레이시아, 카타르(모두 12억 기가줄)의 순으로 이어진다.

대량 산출국인 미국은 국내에서 소비하는 양이 많기 때문에 수출량은 약 8억 기가줄 정도이다.

천연가스와 국제정세

이어서 천연가스 수입 대국을 살펴보겠다.

최대 수입국은 미국이다. 미국의 수입량은 45억 기가줄이다. 세계 각국의 전체 수입량의 약 13퍼센트를 차지한다.

2위는 독일로 35억 기가줄이다. 이어서 일본(35억 기가줄), 이탈리아(29억 기가줄), 우크라이나(20억 기가줄), 프랑스(19억 기가줄), 스페인(15억 기가줄), 한국(14억 기가줄)의 순이다.

이를 살펴보면, 유럽 각국의 수입량이 많다는 점, 그리고 그 중에서도 서유럽 각국과 함께 구소련의 우크라이나가 대량의 천연가스를 수입하고 있다는 점을 알 수 있다.

우크라이나는 현재 조금씩 러시아의 영향력 아래로 되돌아가고 있다.

1990년대, 소련의 붕괴를 계기로 소련의 영향 아래 있던 동유럽 여러 국가에 민주화의 열풍이 밀어닥쳤다. 그 흐름 속에서 구소련의 우크라이나도 사회주의 체제의 붕괴를 맞이하였다. 나아가 2004년의 대통령 선거에서는 시민운동인 '오렌지 혁명'으로 불리는 역사적 사건을 통해 서유럽과의 관계 강화를 호소한 야당 후보 빅토르 유시첸코가 당선되었다.

그러나 유시첸코 정권 하에서 경제는 하락세를 보였다. 그 때문에 2010년 1월부터 2월에 걸쳐 실시된 대통령 선거에서 현직의 유시첸코 대통령이 낙선하고 친 러시아 입장을 견지하는 빅토르 야누코비치가 대통령에 당선되었다.

그 배경에는 현재의 경제적 어려움과 함께 러시아가 천연가스 수입에 크게 의존하고 있다는 현실이 자리하고 있다. 우크라이나 는 난방 등에 사용하는 에너지원으로 대량의 천연가스를 소비하 고 있다. 비교적 저렴한 가격으로 살 수 있는 이 천연가스가 없으 면 우크라이나 사람들은 혹독한 엄동설한을 무사히 지낼 수 없을 정도이다. 그리고 러시아의 보호 아래 들어가면 천연가스를 계속 저렴하게 들여올 수 있는 가능성이 높아진다. 그래서 야누코비치 대통령을 비롯한 친 러시아파 인물들은 서유럽 여러 국가·EU와 밀접한 관계를 구축하는 대신에 러시아의 영향 아래로 들어가기 를 택한 것이다.

러시아의 영향력

　　　　　지금까지 살펴본 수치를 분석해 보면, 천연 가스 수출국과 수입국의 특징 및 상호 관계를 그려볼 수 있다.

무엇보다 두드러진 요소는 생산량과 수출량 모두 러시아가 전 체의 20퍼센트 이상을 차지하고 있고, 특히 수출량에서는 2위 이

하인 국가와 현격한 차이를 보이고 있다는 점이다.

한편으로 자국에서 사용하는 에너지 자원의 대부분을 러시아 산 천연가스에 의존하는 국가가 많이 있다. 예를 들면, 조금 오래된 수치이기는 하지만, 2004년에 자국 내에서 사용하는 천연가스 중 러시아 산이 차지하는 비율은 헝가리가 81퍼센트, 체코가 82퍼센트, 폴란드가 99퍼센트, 슬로바키아와 루마니아, 발트 3국이 100퍼센트로 매우 높은 비율이다. 우크라이나 역시 국내에서 사용하는 천연가스의 대부분을 러시아에 의존하고 있다.

그 결과는 분명하다. 이들 국가에 대한 러시아의 영향력이 강화된 것이다.

즉 러시아는 천연가스라는 자원을 통해 자국의 천연가스를 구입하는 국가들, 특히 러시아 산 천연가스에 크게 의존하는 유럽 여러 국가들에 대해 막강한 카드를 손에 쥐게 된 것이다. 앞에서 언급한 우크라이나의 예는 바로 그 전형이다. 우크라이나는 주요한 에너지원으로서 러시아의 천연가스에 크게 의존한 결과 그것이 주요 원인이 되어 러시아의 영향력 아래 다시 들어가기 시작한 것이다.

우크라이나의 향후 정치 방침은 아직 유동적이지만 에너지 문제가 한 나라의 정치적 입장과 국제정세까지도 좌우한다는 것을 이를 통해서도 알 수 있다.

러시아의 자원 전략

　　　　　　　　러시아는 지금까지 자국의 자원을 배경으로 영향력을 강화하기 위해 매우 전략적으로 움직여 왔다. 그 전략은 크게 네 가지로 나뉜다.

　첫째는 국내 가스전을 개발하여 천연가스의 생산량을 증산하는 것이다. 2000년대 중반까지는 해외 기업에 개발을 위탁하는 경우도 많았지만, 최근에는 에너지 자원 가격이 상승하여 러시아 기업도 개발 자금을 확보하면서 공동 개발이 진행 중이다.

　예를 들면 일본과 가까운 사할린에서 개발이 진행 중이다. 지금까지 '사할린 1', '사할린 2'로 불리는 프로젝트를 통해 천연가스와 원유의 생산을 시작하였다. 현재는 이를 이어서 '사할린 3'에서 '사할린 6'까지 개발과 조사가 진행되고 있다. 또한 북극해에서의 가스전 개발에도 주목하고 있다.

　두 번째 전략은 투르크메니스탄과 카자흐스탄 등 중앙아시아의 천연가스 산출국과 파이프라인을 연결하여 자국 내로 더 많은 천연가스를 집결시키는 것이다.

　세 번째는 국내산이나 국외에서 들여온 천연가스를 유럽까지 연결한 파이프라인을 통해 EU 각국 등지로 공급하는 것이다. 러시아는 다른 산출국에서 들여온 천연가스를 유럽에 공급할 때, 자국이 구입한 가격에 추가 가격을 붙여 유럽 각국에 판매한다.

네 번째는 천연가스의 개발·생산과 판매 등을 정부가 관리하는 것이다. 러시아에는 국내 천연가스 생산량의 90퍼센트를 장악한 '가즈프롬(Gazprom)'이라는 초거대 기업이 있다. 가즈프롬은 국영 기업이지만, 이 기업이 동업종 타사의 주식을 매입하는 방법으로 러시아 국내 대부분의 천연가스 관련 기업을 정부의 영향 아래 두고 있다. 또한 푸틴 대통령 시절에는 정부의 의향을 따르지 않는 에너지 기업의 경영자를 갖가지 혐의로 체포하여 그 기업을 손에 넣는 등 강경한 수법을 사용하기도 하였다.

러시아 정부는 이와 같은 전략을 통해 수중에 대량의 천연가스를 확보하여 자국산인 것처럼 각국에 판매할 수 있는 상황을 구축하고 있다. 만약 자국과 대립하는 국가가 있으면 러시아 정부는 즉각 그 국가에 천연가스 공급을 중단할 수 있다. 이 때문에 러시아 산 천연가스에 크게 의존하고 있는 국가는 러시아의 영향력을 배제하기가 더욱 어려워진다.

러시아가 안고 있는 약점

다만, 천연가스 등의 자원을 이용한 러시아 전략의 향후 전망은 그리 밝다고 할 수 없다.

그 이유 중 하나는 러시아 국내 가스전에서의 천연가스 생산이 한계점에 이르렀기 때문이다. 현재 러시아 정부는 필사적으로 새로운 가스전을 개발하려고 고군분투하고 있지만 이것이 성공할지 여부는 미지수이다.

또한 유럽 각국에서는 '액화 천연가스(LNG)' 등의 새로운 에너지 자원 확보에 적극적으로 나서고 있다. 예를 들면 독일은 러시아에서 파이프라인을 통해 천연가스를 수입하는 대신에 카타르 등 다른 산출국에서 유조선으로 운반할 수 있는 LNG 수입을 늘리고 있다.

그리고 유럽 각국이나 중국은 러시아 국내를 경유하지 않는 독자적인 파이프라인을 이용해, 우즈베키스탄이나 투르크메니스탄 등 중앙아시아 여러 국가로부터 천연가스를 수입하려는 움직임을 보이고 있다.

예를 들면 지금 EU의 협력 아래 '나부코(Nabucco)'라는 파이프라인 건설이 계획되고 있다. 만약 이 파이프라인이 완성되면 중앙아시아 여러 국가에서 생산되는 천연가스를 러시아를 경유하지 않고 유럽 각국에 공급할 수 있게 된다.

한편 러시아도 '노스 스트림(North Stream)', '사우스 스트림(South Stream)'이라는 파이프라인을 건설하여 천연가스를 유럽 각국에 직접 공급하는 계획을 세워 대항하고 있다.

그리고 중앙아시아 여러 국가와 더욱 밀접한 관계를 유지하기

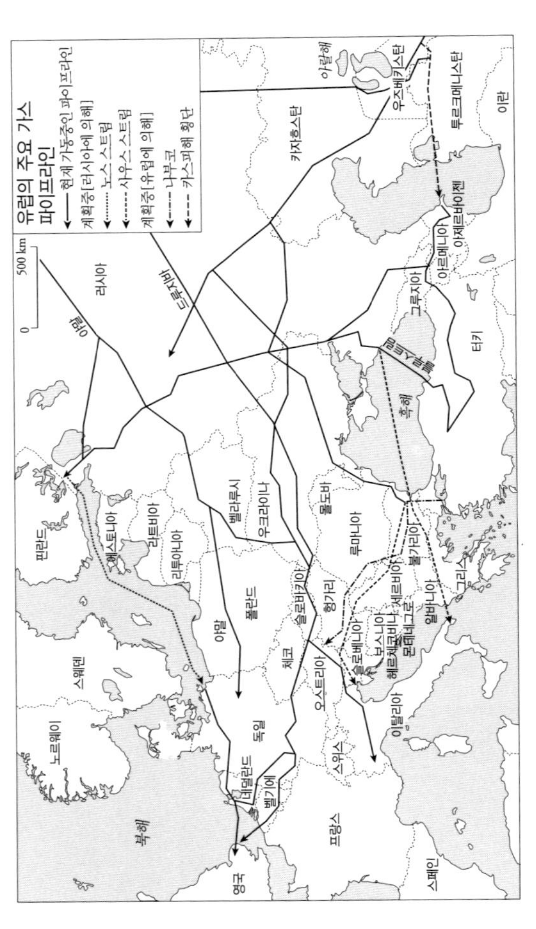

중앙아시아에서 유럽으로 이어지는 주요 가스 파이프라인. 유럽에 대량의 천연가스를 보내기 위해
파이프라인 계획·건설이 진행되고 있다.

위해, 3장에서 소개한 '상하이 협력 기구' 등을 통한 협력 체제 확충도 추진하고 있다.

현재 천연가스 등의 자원을 둘러싼 주도권 다툼이 러시아와 주변 각국 간에 치열하게 진행 중이다.

최근에는 석유와 천연가스 이외의 자원, 예를 들면 휴대전화나 액정, 자동차의 환경 기술 등에 사용되는 '레어메탈(rare metal)'이라 불리는 희소금속, 그리고 '물'을 둘러싸고 관련 국가 간의 경쟁에 불이 붙고 있다. 일본도 포함된 선진국 간, 나아가 중국 등 신흥국 등과의 사이에 번지고 있는 치열한 경쟁은 앞으로 더욱 격렬해질 것으로 보인다.

2부

사회

5장 빈곤률

세계에서 가장 가난한 국가

　　　　　　　21세기의 지구촌을 살펴보기 위해 무시할 수 없는 요소 중 하나는 '빈곤'이다.

선진국에서는 많은 사람들이 풍요로운 생활을 영위하고 있고, 신흥국이라 불리는 국가들은 선진국을 따라잡기 위해 급성장을 이어가고 있다. 그러나 한편에서는 국민 대부분이 빈곤으로 고통받는 국가가 적지 않다. 게다가 선진국이라고 해도 부유한 사람과 가난한 사람의 격차가 극심한 국가도 많다. 이번 장에서는 이와 같은 빈곤 현상에 대해 살펴보고자 한다.

빈곤과 관련해서는 몇 가지 지표가 있다. 먼저 한 사람 당

GDP(국내총생산) 수치를 비교해 보겠다.

한 사람 당 GDP가 가장 낮은 국가는 아프리카의 부룬디이다. 부룬디의 GDP 수치는 2007년 시점에 115달러이다. 한편, 이 수치가 세계에서 가장 높은 국가는 10만 3,042달러인 룩셈부르크이므로, 그 수치의 차이는 무려 약 900배이다. 물가 수준을 고려해도 그 차이는 너무도 확연하다. 세계 국가들 사이에는 이 정도로 큰 격차가 존재한다.

그 다음은 아래에서부터 콩고 민주 공화국(143달러), 라이베리아(198달러), 기니비사우(211달러), 에티오피아(245달러), 말라위(265달러), 짐바브웨(261달러), 시에라리온, 에리트레아(모두 284달러), 소말리아(291달러), 니제르(294달러), 르완다(343달러)의 순이다.

이들 12개국은 모두 사하라 사막보다 남쪽에 위치한 '아프리카 사하라 이남 국가'로 불리는 곳들이다. 이집트, 리비아, 튀니지, 알제리, 모로코 등을 제외한 대부분의 아프리카 국가가 여기에 해당한다. 최빈국은 세계에서 남아시아와 중남미의 일부 지역과 함께 이 지역에 특히 집중되어 있다.

그리고 이어지는 국가는 아시아의 아프가니스탄이다. 한 사람 당 GDP 수치는 345달러이다.

하루 2달러 미만 생활자

다만, 한 사람 당 GDP라는 지표는 각국의 GDP와 인구의 규모를 단순하게 비교한 숫자이다. 국가 전체의 빈곤 정도는 알 수 있지만, 그 나라에서 살아가는 사람들이 느끼는 빈곤의 고통 정도까지는 알 수 없다. 그래서 이번에는 다른 지표를 통해 살펴보겠다.

바로 '빈곤률'이라는 지표이다. 빈곤률을 나타내는 수치에는 몇 가지 종류가 있다. 하나는 '국제' 빈곤선 이하(미만) 생활자 비율로, 여기에는 '하루 1.25달러 미만', '하루 2달러 미만'이라는 대표적인 두 가지 지표가 있다. 하루 1.25달러 미만 혹은 하루 2달러 미만으로 생활하는 사람을 '빈곤' 상태에 있다고 보고, 이들의 수가 그 나라의 인구 중에서 얼마나 차지하는가 하는 비율이다.

여기서 세계은행이 발행한 《세계 발전 지표(World Development Indicators) 2008》이라는 자료에 게재되어 있는 '하루 2달러 미만'으로 생활하는 사람들의 비율을 비교해 보겠다. 이 자료는 국가에 따라 조사한 연도가 다르기 때문에 엄밀하게 비교할 수는 없지만, 어느 정도 그 경향을 파악할 수는 있다.

이 자료에 따르면, '하루 2달러 미만'으로 생활하는 사람들의 비율이 가장 높은 국가는 탄자니아로, 무려 96.6퍼센트에 이른다. 탄자니아에서는 국민 대부분이 하루 2달러 미만으로 생활을 하는 것이다. 더구나 하루 1.25달러 미만으로 생활하는 국민 비율도 88.5퍼센트라는 높은 수치를 보인다. 탄자니아가 세계에서 가장 가난한 국가 중 하나임은 분명하다.

'하루 2달러 미만'으로 생활하는 사람들의 비율이 탄자니아 다음으로 높은 국가는 라이베리아(94.8퍼센트)이다.

이어서 부룬디(93.4퍼센트), 말라위(90.4퍼센트), 르완다(90.3퍼센트), 모잠비크(90.0퍼센트), 마다가스카르(89.6퍼센트), 기니(87.2퍼센트)의 순이다. 이들 국가 역시 모두 아프리카 사하라 이남에 있는 국가들이다.

참고로, 세계은행에서 발행한 위 자료에 따르면, '하루 2달러 미만'으로 생활하는 사람들의 비율이 60퍼센트를 넘는 국가는 세계에 38개국이 있으며, 그 가운데 29개국이 아프리카에 있는 국가(모두 사하라 이남 지역에 있는 국가)이다. 아프리카 사하라 이남에서는 국민의 대다수가 빈곤으로 고통을 받고 있다.

'국내 빈곤선 이하' 생활자

그러면 빈곤률을 나타내는 또 하나의 지표에 대해 알아보자. '국내' 빈곤선 이하(미만) 생활자 비율이라는 수치이다. 이는, 각 국가에 따라 물가나 생활 형태 등이

다르기 때문에 최저 생활을 유지할 수 있는 수입의 금액이 다르다는 점을 고려한 지표이다.

이 수치는, 한 국가의 최저 생계비 금액을 산정하여 수입이 이 금액보다 적은 사람들의 비율을 계산하여 산출한다. 각 국가의 경제 상황을 고려해서 그 국가의 빈곤자 비율을 계산한 지표인 것이다.

이 수치가 가장 높은 국가는, 앞에서 소개한 세계은행의 자료에 따르면, 콩고 민주 공화국과 마다가스카르로, 71.3퍼센트의 수치를 보인다. 두 국가 모두 국민의 70퍼센트 이상이 최저 생활조차 유지할 수 없는 빈곤 상태에 놓여 있다.

예를 들면, 콩고 민주 공화국의 국민은 다음과 같은 상황에 처해 있다.

15세 이상의 국민 가운데 글자를 읽을 수 없는 문맹인 사람의 비율이 약 33퍼센트이다. 국민 세 사람 당 한 사람이 살아가는 데에 중요한 '글자 읽기'라는 행위가 불가능한 것이다.

또한 자신이 살고 있는 곳 1킬로미터 이내 지역에서 마시기에 안전한 물을 구할 수 있는 사람의 비율은 54퍼센트이다. 이들 대부분은 일상생활에서 많은 시간을 무거운 물을 길어 나르는 데에 소비해야만 하는 것이다. 이와 같은 작업은 대부분 여성이나 아이들이 맡아해야 한다. 이들은 이렇게 몸을 혹사할 뿐 아니라 교육을 받거나 가족이나 자신을 위해 활용해야 할 시간을 물 긴는 데 빼앗기고 있는 것이다. 그리고 치안이 불안정한 지역에서는 물을 길어오기 위해 먼 길을 걸어야 하기 때문에 도중에 많은 위험에 노출되기도 한다.

더구나 콩고 민주 공화국에서는 아이가 만 5세 이전에 사망하는 비율이 1,000명 중 205명에 이른다. 태어난 아이 중 5명에 한 명은 5살 생일을 맞이하지 못한다. 일본의 5세 미만 아이 사망률이 2007년 수치로 1,000명 중 3.5명인 것과 비교해 보면, 무려 50배 이상의 비율로 어린아이들이 생명을 잃고 있는 것이다.

한편, 콩고 민주 공화국에서 영양실조에 걸린 사람의 비율은 74퍼센트나 된다. 국민 대부분이 만성적인 '기아' 상태에 놓여 있다고 할 수 있다. 집에 화장실을 구비한 사람의 비율도 고작 30퍼센트밖에 되지 않는다.

아프리카 사하라 이남에 있는 국가 대부분은 이와 크게 다르지 않은 상황이다. 어째서 아프리카 여러 국가들은 이와 같은 상황에 빠진 것일까? 이에 대해서는 좀더 뒤에 가서 살펴보겠다.

'국내 빈곤선 이하(미만) 생활자 비율'이 콩고 민주 공화국과 마다가스카르에 이어서 높은 국가는 시에라리온(70.2퍼센트), 스와질란드(69.2퍼센트), 부룬디, 레소토, 잠비아(모두 68.0퍼센트), 기니비사우(65.7퍼센트), 말라위(65.3퍼센트), 아이티(65.0퍼센트)의 순이다.

중미의 아이티 이외에는 모두 아프리카 사하라 이남에 위치한 국가들이다.

인간 개발 지수

국제연합(UN)의 보조기관인 '국제연합개발기구(UNDP)'에서도 '인간 개발 지수'라는 지표를 발표하였다. 이는 건강하게 장수하는 생활(평균 수명), 지식(교육 수준), 인간답게 생활하는 수준(소득 수준)이라는 세 가지 관점에서 각 국가의 각각의 평균 달성도를 비교한 것이다.

UNDP의 《인간 개발 보고서(Human Development Report) 2009》에 따르면, 이 지수가 가장 낮은 국가는 아프리카의 니제르이다. 그리고 바로 그 위에 아프가니스탄, 시에라리온, 중앙아프리카, 말리, 부르키나파소, 콩고 민주 공화국, 차드, 부룬디, 기니비사우, 모잠비크 등의 순으로 이어진다. 아프가니스탄 이외는 모두 아프리카 사하라 이남에 위치해 있으며, 다른 지표에도 자주 등장하는 국가들이 대부분이다.

이와 같은 지표들을 종합하면, 빈곤률이 가장 높은 국가를 하나로 한정지을 수 없지만 콩고 민주 공화국이나 시에라리온, 부룬디, 마다가스카르와 같은 아프리카 사하라 이남 국가들이 대부분을 차지하고 있다.

후발 개발도상국들

이와 관련해서 국제연합은 여러 가지 지표를 종합하여 다음과 같은 국가들을 세계에서 가장 개발이 필요한 '후발 개발도상국'으로 보고 있다.

아프가니스탄, 앙골라, 예멘, 우간다, 에티오피아, 에리트레아, 카보베르데, 감비아, 캄보디아, 기니, 기니비사우, 키리바시, 코모로, 콩고 민주 공화국, 사모아 독립국, 상투메프린시페, 잠비아, 시에라리온, 지부티, 수단, 적도 기니, 세네갈, 소말리아, 솔로몬 제도, 탄자니아, 차드, 중앙아프리카, 투발루, 토고, 니제르, 네팔, 아이티, 바누아투, 방글라데시, 부탄, 부르키나파소, 부룬디, 베냉, 마다가스카르, 말라위, 말리, 미얀마, 모잠비크, 모리타니, 몰디브, 라오스, 라이베리아, 르완다, 레소토.

이들 국가는 빈곤률이 세계에서도 가장 높은 수준을 보이고 있다. 이들 49개국 가운데 아시아가 9개국, 대양주가 5개국, 중미가 아이티 하나이며, 나머지 34개국은 모두 아프리카에 위치한 국가들이다.

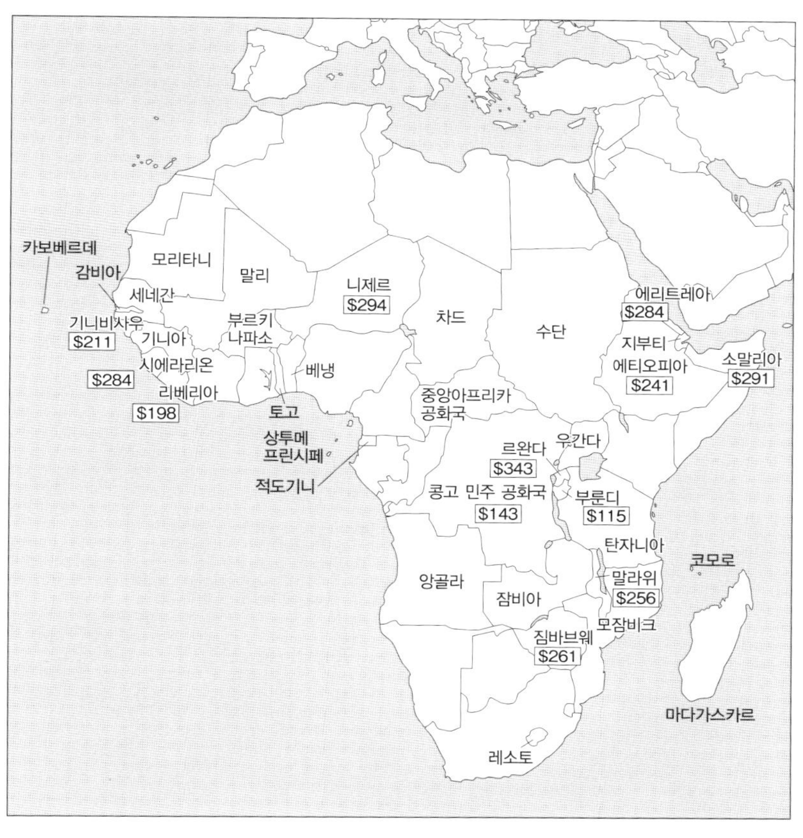

한 사람 당 GDP가 가장 낮은 국가들과 아프리카에 있는 후발 개발도상국(2007년).
아프리카 사하라 이남 국가들의 빈곤함을 알 수 있다.

또한 옥스퍼드 대학의 폴 콜리에 교수는 아프리카의 국가들에 아이티, 볼리비아, 중앙아시아 여러 국가, 라오스, 캄보디아, 예멘, 미얀마, 북한 등을 더한 58개국을 '최저변의 10억 명(The Bottom Billion)'이라고 부르며 여러 요인으로 인해 개발이 뒤처진 상태라고 지적하였다.

폴 콜리에 교수가 제시한 '최저변의 10억 명'이 사는 58개국은 국제연합이 말하는 '후발 개발도상국' 49개국과 대부분 중복된다. 앞에서 소개한 빈곤률이 가장 높은 국가에 이들 국가 대부분이 포함된다고 할 수 있다.

주의해야 할 점은 개발도상국 국가라 해도 국가에 따라 그 상황이 크게 다르다는 점이다. 개발도상국 가운데 신흥국으로 불리는 국가들은 급속한 경제 성장을 이루어가고 있다. 한 사람 당 GDP는 아직 낮은 편이지만, GDP 총액에서는 일본을 앞지르려는 중국, 인도 등이 그 예이다. 한편 '최저변의 10억 명'이 사는 최빈국에는 그냥 이대로 가면 개발과 함께 경제 성장의 흐름을 탈 가능성이 낮은 국가가 많이 있다. 이처럼 이 둘은 매우 대조적인 모습을 보인다.

최근 아프리카의 몇몇 최빈국에도 이목이 집중되고 있다. 바로 국내에서 생산되는 천연자원 때문이다. 예를 들면, 수단이나 나이지리아, 우간다, 앙골라와 같은 국가에서는 석유 자원 개발이 진행되고 있다. 또한 기니는 철의 원료가 되는 철광석, 모잠비크는 석탄이 풍부하다. 이와 같은 국가들은 앞으로 경제가 향상될 가능성을 지니고 있다. 다만, 이제부터 설명하겠지만, 이것이 국민 전체의 생활수준을 향상시키는 방향으로 이어지리라고는 확신할 수 없다.

식민지 지배와 뒤틀린 경제 구조

그러면 여기서, 앞에서 던진 질문으로 돌아가 보겠다.

아프리카 사하라 이남 국가들 중에는 왜 빈곤으로 고통 받는 국민들이 그렇게 많을까? 사하라 이남 국가들을 비롯한 최빈국은 왜 선진국이나 신흥국처럼 경제 발전의 흐름을 타지 못하는 것일까? 이에 대해 국제 농산물 시장에 관한 컨설턴트 토머스 라인즈는, 구미 여러 국가의 식민지 지배로 인해 아프리카 국가의 산업 구조가 변형되었기 때문이라고 그 원인을 들었다.

예를 들면, 아프리카는 19세기 후반에 유럽 여러 국가에 의해 식민지나 보호령으로 분할되어 직접 지배를 받았다. 그리고 유럽이 지배를 시작하면서 식민지끼리 세력을 규합하지 못하도록 아프리카를 분리 관리하였다. 그러면서 아프리카는 소수의 특산품

만을 중심으로 한 경제 구조로 변형되고 말았다. 예를 들면 지금까지 콩고나 잠비아는 동, 가나는 금이나 코코아 등, 소수의 수출품으로 특화된 경제가 형성되어 다른 지역처럼 건전한 경제 구조를 발전시킬 수 없었다.

이와 같은 특정 농업 제품이나 천연자원 등에 의존하는 경제 구조는 지금까지도 후발 개발도상국 대부분에 잔존해 있다. 따라서 농업 제품이나 천연자원에 대한 수요가 감소하여 가격이 하락할 경우, 국가 경제가 큰 타격을 받게 된다.

또한 자유무역의 확대가 최빈국의 경제에 심각한 영향을 끼치고 있다고 보는 의견도 있다. 자유무역이 확대되면서 특정 물품에 의존하는 최빈국의 경제가 가격이 싼 수입품과의 경쟁에서 타격을 받는다는 것이다.

예를 들어 보자. 저널리스트인 제레미 시브룩에 따르면, 중미 아이티 농민 대부분에게 오랫동안 쌀은 주요 수입원이었다. 그런데 선진 각국이 세계무역기구(WTO) 등을 통해 자유무역을 추진함에 따라 아이티는 가격이 싼 미국산 쌀을 수입해야만 했으며, 이로 인해 많은 농민들이 생활에 곤란을 겪게 되었다.

WTO의 국제회의가 구미 시민단체 등의 방해 속에 열리는 모습을 종종 뉴스 보도를 통해 접하기도 하는데, 이와 같은 사건들은 자유무역의 폐해에 분노를 느낀 사람들이 적극적으로 참여한 경우가 많다.

자유무역은 저렴하고 질 좋은 상품을 살 수 있다는 장점도 있지만 한편에서는 그 폐해도 분명 존재한다. 이 역시 해결하기 매우 어려운 문제라고 할 수 있다.

최빈국의 4가지 덫

이 밖에도 후발 개발도상국의 발전을 저해하는 요인이 있다.

예를 들면, 옥스퍼드 대학의 폴 콜리에 교수는 최빈국이 빠진 4가지의 덫에 대해 소개하였다.

4가지 덫이란, 분쟁의 덫, 천연자원의 덫, 내륙국의 덫, 소형 국가에서의 악질적인 정책(governance)의 덫을 말한다.

이 가운데 분쟁의 덫은 분쟁, 특히 내전으로 인해 국가 경제가 파괴되어 버리는 현상을 가리킨다. 내전이란, 한 국가 안에서 벌어지는 전투이지만, 통계상 국내에서 1,000명 이상의 사망자가 나오는 대규모 분쟁을 가리키는 경우가 많다.

이어서 천연자원의 덫은 석유나 광물 등의 천연자원을 보유한 최빈국이 빠지기 쉬운 함정이다.

얼핏 천연자원이 많으면 그 국가의 경제 성장이 어렵지 않게 발전할 것이라고 생각한다. 그러나 최빈국은 다양한 민족으로 구성되어 있으며 또한 독재 체제인 경우가 대부분이다. 이러한 국가에서는 독재자가 경제 성장을 위한 정책을 취하는 대신에, 자신들을 지지하는 계층에게 배분하기 위해 국가의 자금을 사용하는 경우가 많다. 천연자원을 통해 얻은 이익을, 다양한 제품이나 서비스 제공으로 이어지는 경제를 조성하는 데 활용하지 못하고 있는 것이다.

내륙국의 덫은 최빈국의 주위를 다른 최빈국이 둘러싸고 있는 덫이다.

그 영향 가운데 하나는, 수출품을 배로 운반하는 경우에 항구까지의 수송비가 올라간다는 점이다. 조사에 따르면, 물자 수송비는 운반하는 거리와 상관없이 그 국가에서 다른 국가의 항구까지 가는 데 이용하는 도로 등의 수송 인프라 정비 상황에 달려 있다.

예를 들면, 우간다의 운송업자는 항구까지 상품을 운반할 때, 케냐 국내의 도로를 통과해야 한다. 이때 우간다에서 출발하는 운송비는 항구까지의 거리보다도 케냐 국내의 도로가 얼마나 잘 정비되었는가에 따라 크게 좌우된다. 따라서 우간다의 경제가 발전할 수 있을지 그 가능성의 열쇠 중 하나가 우간다 자국 내에서 어떻게 해볼 수 없는 케냐의 열악한 도로 사정에 달려 있는 것이다.

마지막 덫은 소형 국가에서의 악질적인 정책의 덫이다.

즉 정부의 잘못된 정책으로 인해 국가 경제가 크게 타격을 받는다는 것을 들 수 있다. 또한 정부 관계자들의 '부패'도 문제가 될 수 있다. 국민 생활을 지키고 경제를 성장시키기 위해 사용해야 할 자금을 정부 관계자가 부정하게 유용해 버리는 것이다.

최빈국에는 성장을 저해하는 덫이 이 밖에도 많이 있다. 이로 인해 성장의 흐름을 타지 못한 채 지금도 여전히 많은 사람들이 빈곤으로 고통 받고 있다.

거액의 채무

최빈국에는 거액의 '채무'라는 문제도 있다.

최빈국 대부분은 국채를 발행하거나 정부 개발 지원을 받는 형태로, 해외의 투자가나 정부, 국제기관 등으로부터 많은 자금을 조달하고 있다. 이들 대부분의 최빈국은 세금 등의 정부 수입이 적기 때문에 필요한 만큼의 정부 지출을 조달할 수 없는 것이다.

다만, 채무를 지면 당연히 이자가 발생한다. 그리고 최빈국의 경우 이자가 선진국보다 높은 편이다. 높은 이자는 해외 투자가들에게 자국의 국채를 팔기 위한 어쩔 수 없는 고육책이기도 하다.

최빈국은 그만큼 이자를 붙여 빚을 갚아야 한다. 일본에서도 정부의 채무가 증가하고 있는데, 많은 최빈국에서는 그 이상으로 빚이 증가하고 있다.

원칙적으로, 어느 국가나 빚은 갚아야 한다. 빚을 졌는데 갚지 않아도 된다면, 그 국가의 정부는 수중에 들어온 자금을 가볍게 여기고 쉽게 사용해 버릴 것이다. 정부가 '재정의 규율'을 상실하고 마는 것이다.

그러나 현실적으로 최빈국 대부분은 갚을 길 없는 빚을 떠안고 있다. 그리고 어떤 의미에서 그 빚은 그 국가의 성장을 위해 사용되어야 할 자금을 잠식하고 있다고 할 수 있을 것이다.

이에 대해서, 선진국 등의 협조를 얻어 최빈국의 채무를 삭감하는 일이 최빈국 발전으로 이어질 수 있다는 의견도 있다. 예를 들면, 선진국의 시민 단체들은 2000년을 앞두고 '주빌리(Jubilee) 2000'이라는 세계적 운동을 시작하였다. 이는 선진국에 최빈국의 채무 탕감을 요구하는 활동이다.

거액의 최빈국 채무를 어떻게 할 것인가? 이는 선진국에게 던져진 21세기의 커다란 과제이다.

마이크로 파이낸스

이와 관련해서 많은 연구자들이 의견을 내놓았다. 그리고 이를 통해 탄생한 대안 중 하나가 '마이크로 파이낸스(소액 신용 대출)'라는 융자 제도이다.

이는 빈곤으로 고통 받는 사람들에게 무담보로 소액의 자금을 대출해 주는 제도이다. 대출 자금 대신에 내야 하는 '담보' 없이 돈을 융자해 주는 것이므로, 담보를 제출할 수 없는 빈곤층 사람들에게 적합한 대출 방식이라고 할 수 있다.

개발도상국은 물론, 미국이나 영국, 프랑스와 같은 선진국에서도 빈곤층을 구제하기 위한 수단으로 중요하게 부각되어 현재 130개국 이상의 국가에서 실시하고 있다.

마이크로 파이낸스의 예로는, 2006년에 노벨 평화상을 수상한 방글라데시의 '그라민 은행(Grameen Bank)'을 비롯하여, 인도의 여성 자영업자 협회(SEWA) 협동조합 은행, 태국의 농업 농협은행(BAAC), 필리핀의 농업 농촌개발 센터(CARD) 은행, 아프리카 말리의 자기관리 예금·융자 은행(CVECA), 남미 볼리비아의 솔리다리오(Solidario) 은행 등이 있다.

사람들에게 대출해 주는 금액의 합계인 '융자 잔액'은 약 300억 달러이고, 이용자는 모두 1억 5,000만 명을 넘었으며, 그들 중 80퍼센트가 여성이라는 점도 특징 중 하나이다.

그라민 은행

마이크로 파이낸스의 구조에 대해 그라민 은행을 예로 들어 소개하겠다.

그라민 은행은 담보가 없는 빈곤층에게 사업 등에 필요한 자금을 대출해 주는 것을 기본 업무로 한다. 일반 은행이 돈을 대출해 주고 싶어 하지 않는 하위 25퍼센트의 소득이 있는 사람들이 주요 융자 고객이다.

돈을 빌리는 사람은 빌린 자금으로 경운기나 관개용 펌프 혹은 트랙터와 같은, 일을 하는 데 꼭 필요한 도구나 기자재 등을 구입한다. 지금까지 융자액은 최대 160만 다카(약 2,600만 원 - 옮긴이)로, 비교적 소규모 융자가 많은 것도 그 특징이다. 현재까지 784만 여 명이 융자를 받았다. 그리고 주택 론(loan)도 있어 지금까지 67만 호 정도의 주택 건설에 주택 론 자금이 대출되었다.

그라민 은행의 사업 중에서 특징적인 것은 성실하게 일하는 여성에게 주목하고 있다는 것이며 따라서 융자를 받는 대상의 97퍼센트가 여성이라는 점이다. 지금까지의 경험에서 볼 때, 남성에게 자금을 대출해 주면 유흥비 등으로 써버리는 경우도 적지 않은 데 반해, 여성의 경우에는 빌린 자금을 활용하여 가족을 위해 열심히 일해서 이익을 올리며 나아가 빌린 돈을 갚는 경우가 대부분이었기 때문이다. 실제로 빌린 자금을 갚는 비율은 2009년 4월까지의 수치로, 97.94퍼센트의 매우 높은 결과를 보이고 있다.

이는 그라민 은행이 '그룹 론 제도'를 도입한 것과 큰 관련이 있다. 대부분의 경우, 돈을 빌린 사람은 5인 1조로 그룹을 형성하여 그룹 안에서 순서대로 한 사람씩 융자를 받을 수 있다. 그룹의 다른 멤버는 융자를 받은 사람이 자금을 갚을 때까지 융자를 받을 수 없다. 그렇기 때문에 융자를 받은 사람은 다른 멤버를 저버릴 수 없는 마음으로, 확실하게 융자금을 갚는다고 한다.

네 가지의 효과적인 투자

이와 같은 노력과는 별도로, 2025년까지 최빈국을 사라지게 할 수 있다고 주장하는 연구자도 있다. 선진국의 원조를 통해 최빈국의 경제를 활성화시켜서 다시 일어서게 할 수 있다는 것이다.

그 대표적인 연구자가 미국 콜롬비아 대학의 제프리 삭스 교수이다. 그는 저서 《지구 전체를 행복하게 하는 경제학》에서 다음 네 가지의 투자를 효과적으로 실행하면 최빈국의 경제 성장을 지속적으로 이룰 수 있다고 주장한다.

첫째는, 농업 생산성을 향상시키기 위한 투자이다. 지금까지 자급자족을 중심으로 했던 농업에서 탈피하여 농작물을 시장에서 판매할 수 있는 농업으로 전환해 가기 위해서는 생산성을 향상시켜야 한다. 이를 위해 비료나 수확량이 많은 품종, 소규모 물 관리 기술 등을 도입하는 것이 중요하며 이를 위한 투자가 필요하다고 제프리 삭스 교수는 지적한다.

둘째는, 공공 의료를 정비하기 위한 투자이다. 최빈국은 많은 국민이 병으로 사망하기 때문에 경제에도 큰 영향을 받는다. 그러나 한편으로 이와 같은 상황을 개선하기 위해서는 전염병, 영양실조, 산모와 아기가 모두 사망할 확률이 높은 위험한 출산과 같은 몇 가지 원인을 제거함으로써 가능해진다고 삭스 교수는 설명한다.

예를 들면, 아이들에게 가장 위험한 전염병은 말라리아이다. 환자 수는 10억 명을 넘고 있으며, 매년 말라리아로 300만 명의 사망자가 나오고 있다. 그리고 그 대부분이 아이들이다. 말라리아는 대부분 집 안에 살충제를 상비해 뿌리거나 살충제를 첨가한 모기장을 사용하는 등 비교적 큰 비용을 들이지 않고 예방할 수 있다. 실제로 탄자니아의 한 지역에서는 사람들에게 모기장을 배포한 것만으로 말라리아의 발병률이 5분의 1 이하로 내려갔다는 조사 결과가 있을 정도이다.

교육과 기간 인프라에 대한 투자

셋째는, 교육에 대한 투자이다. 현대 사회에서는 교육을 받고 전문적인 기능을 습득하는 일은 일정 수준 이상의 수입을 확보하기 위한 매우 중요한 전제가 되고 있다. 그러나 최빈국과 같은 국가에는 대부분 교육을 위한 자금이 부족하다. 선진국은 이 분야에 대한 투자도 고려해야 한다.

넷째는, 기간 인프라 건설을 위한 투자이다. 예를 들면, 기간 인프라에는 도로나 전력, 안전한 음료수와 공중위생, 전화와 인터넷에 접속할 수 있는 환경, 항만 업무 등이 있다. 이들 요소는 국민이 안전한 생활을 하고 또한 국가가 경제 성장을 진행하기 위해 빼놓을 수 없는 요소이다.

그러나 최빈국에는 이러한 기간 인프라조차 정비되어 있지 않은 국가가 대부분이다. 수익을 내는 산업도, 천연자원도 없기 때문에 국가 재정이 빈약한 국가도 있다. 또는 자원 수입은 있지만 그 대부분이 일부 지배 세력에게 집중되어 버리는 국가도 있다. 이처럼 이유는 여러 가지이지만, 대부분의 최빈국은 기간 인프라가 정비되지 않아, 이로 인해 커다란 경제적 손실을 입고 있다. 이를 못 본 체 하지 말고 원조의 손을 적극적으로 내밀어, 최빈국의 성장 엔진에 불을 붙이자는 것이 제프리 삭스 교수의 주장이다.

최빈국 구제 비용

제프리 삭스 교수는 이와 관련해서 '국제연합 밀레니엄 프로젝트'라는 행동 계획을 책정하여, 구체적인 원조 프로그램을 만들어냈다. 그리고 그 검증에 따르면, 원조국의 연간 총소득의 0.7퍼센트를 2025년까지 매년 지원하면 최빈국의 경제가 활성화되어 모두 최빈국에서 벗어날 수 있다고 한다.

앞으로 매년 30조 엔이나 되는 거액의 원조를 지속하는 것은 분명 엄청난 일이다. 그러나 제프리 삭스 교수에 따르면, 지금 이러한 원조를 하지 않으면 빈곤 상황에서의 인구 증가라는 현상이 지속됨으로써 상황은 더욱 악화될 것이라고 한다. 원조가 늦춰지면 늦춰질수록 최빈국을 구하기 위해 필요한 비용은 더욱 커져만 간다. 바로 '지금 어떻게 할 것인가?'가 문제인 것이다.

상대적 빈곤률이 낮은 국가

이번에는 빈곤률이 가장 낮은 국가에 대해 알아보자.

이를 알아보기 위해서는 몇 가지 지표가 있는데, 여기에서는 '상대적 빈곤률'이라는 지표를 살펴보겠다. 이는 주로 선진국을 대상으로 한 데이터로, 소득이 그 나라의 소득 분포에서 '중앙치'

인 50퍼센트에 미치지 않는 사람들의 비율을 표시한 수치이다.

중앙치란, 그 국가의 국민 소득을 상위에서부터 헤아려 전체의 중간에 해당하는 사람의 소득을 가리킨다. 간단히 예를 들면, 한 국가의 국민 수가 5명이라고 하면, 위에서부터 세 번째인 사람의 소득을 말한다. 인구가 10명이라면, 다섯 번째와 여섯 번째 사람의 소득을 더해서 2로 나눈 숫자가 그 국가의 소득 중앙치가 된다.

상대적 빈곤률에서는 소득이 이 중앙치의 절반 미만인 사람들을 '빈곤층'이라고 간주한다. 이를 바탕으로, 빈곤층이 인구 전체에서 차지하는 비율을 '상대적 빈곤률'이라고 부르는 것이다. 이 '상대적 빈곤률' 지표는 그 국가의 국민 중에 빈곤층이 어느 정도의 비율을 차지하는지를 나타낸다고 할 수 있다.

경제협력개발기구(OECD)의 《성장 불균형(Growing Unequal)》이라는 자료에 따르면, 상대적 빈곤률은 2005년 시점에서 가장 낮은 국가가 스웨덴과 덴마크로, 그 비율은 5.3퍼센트이다. 이 두 국가에는 빈곤층이 국민 20명에 한 사람 정도 있다는 이야기이다. 현 시점에서는 이 두 국가가 빈곤률이 가장 낮은 국가라고 할 수 있다.

스웨덴은 인구 800만 명 정도이고, 덴마크는 550만 명 정도의 작은 국가이지만, IT 관련 기업이나 화학 관련 기업 등의 성공으로 경제 상황이 양호하다. 또한 '고부담·고복지' 국가라고 불리듯 세금이 높은 반면, 경제적 여유가 없는 사람을 복지정책을 통해 든든하게 지원도 하고 있다. 이와 같은 노력이 두 국가의 빈곤률을 세계에서 가장 낮은 수준으로 이끌었던 것이다.

상대적 빈곤률이 낮은 국가는 체코(5.8퍼센트), 오스트리아(6.6퍼센트), 노르웨이(6.8퍼센트), 프랑스, 헝가리, 아이슬란드(모두 7.1퍼센트)의 순이다. 이들 국가 역시 국내의 경제 격차를 줄이기 위한 사회적인 구조를 마련해 놓고 있다.

빈곤의 계승

그러면 일본은 선진국 중에서 어느 정도의 수준에 있을까?

일본의 상대적 빈곤률은 2005년의 수치로 14.9퍼센트이다. 국민 약 7명 당 한 사람이 빈곤층이라는 말이다. 이는 OECD에 가입한 선진 30개국(2005년 당시) 중에서도 네 번째로 많다. 이 수치가 일본보다 높은 선진국은 멕시코(18.4퍼센트), 터키(17.5퍼센트), 미국(17.1퍼센트)뿐이다.

1950년대 중반의 고도 성장기 이후 1990년대 정도까지만 해도 우리의 생활 스타일이나 경제 상황 등은 대체로 격차가 적었다. 그러나 그런 시대는 이미 지나갔다. 지금 일본 국내에서는 경제 격차가 벌어지고 빈곤층이라 불리는 사람들의 비율이 7명에 한 사람 이상이라는 상황으로 변모하였다.

일반적으로 빈곤이라는 상황은 다음 세대에게 계승되는 경우가 많다. 빈곤으로 고통 받는 부모의 경우, 아이에게 많은 교육비나 교육을 위한 시간을 할애하지 못하는 경우가 대부분이다. 그렇기 때문에 빈곤층의 아이들은 양질의 교육을 받을 기회가 줄어들어 결과적으로 어른으로 성장해서도 소득이 낮은 경우가 많다.

예를 들면 이는 부친의 학력과 아이 학력의 상관관계를 보아도 알 수 있다. 2007년에 발표된 자료에 따르면, 국제적인 학력 테스트인 'PISA'의 '과학' 부분에서 일본인 학생의 점수는 부친이 고등교육(대학 등)을 받은 학생일 경우 평균 560점 정도였던 데 반해, 부친이 초등·전기 중등교육(중학교)까지 받은 학생은 평균 480점 정도로 상당한 차이가 있었다. 부친의 학력과 수입 사이에는 어느 정도 상관관계가 있는 것으로 보이므로, 가정의 수입에 따라 아이의 학력에 차이가 보인다고 할 수 있을 것이다.

마찬가지로, 가정의 수입과 학습 시간과의 사이에도 상관관계가 있다는 것을 알 수 있다. 좀 오래된 자료이지만, 1997년에 고등학생을 대상으로 실시한 조사에 따르면, 학교 밖에서의 공부 시간은 양친의 학력과 부친의 직업을 바탕으로 상정한 '사회 계층'에 따라 커다란 차이를 보였다. 구체적으로는 상위 그룹 학생이 하루 평균 100분 이상 공부하는 데 반해, 하위 그룹 학생의 공부 시간은 그 절반 이하인 것으로 나타났다.

다시 말해 빈곤층 아이들의 경우, 아무리 그 아이가 특정 분야에 뛰어난 재능을 가지고 있다 해도, 충분히 그리고 지속적으로 공부하여 그 재능을 발휘할 수 있는 기회를 얻지 못하게 될 수도 있는 것이다. 큰 문제점 가운데 하나이다.

이러한 상황을 앞으로 어떻게 변모시킬 수 있을까? 이는 앞으로 우리가 고심해야 할 심각한 문제이다.

6장 식량 자급률

식량 자급률이란?

"식량 자급률이 40퍼센트 정도에 지나지 않는다."

신문, 방송 등을 통해 이런 보도를 접한 적이 있을 것이다.

우리의 의식주 중에서도 특히 중요한 '식(食)'에 관한 것인 만큼, 많은 사람들이 이 문제에 관심을 보이고 있다. 따라서 이번 장에서는 이러한 식량 자급률에 대해 살펴보겠다.

그러면 먼저 '식량 자급률'이란 무엇일까? 간단히 말해 이는, 한 국가의 국민이 하루에 먹는 식량 가운데 그 국가에서 생산한 식량의 비율을 말한다.

좀더 자세히 살펴보면, 이 '식량 자급률'에도 몇 가지 종류가 있다.

우선 '칼로리 기준의 식량 자급률'이라는 수치이다.

이는 국민 한 사람에게 하루에 공급되는 식량에 포함된 총칼로리 가운데, 국산 식량의 칼로리가 어느 정도의 비율을 차지하는지를 나타낸다. 즉 국민이 먹는 식량의 총칼로리에서 국산 식량이 차지하는 비율이라고 할 수 있다.

이 수치를 계산할 때에는, 가축의 먹이가 국산품인지 수입품인지의 여부까지 고려해야 한다. 예를 들면 돼지고기의 경우, 가령 돼지고기가 공급하는 칼로리 중, 국산 돼지가 공급하는 비율이 50퍼센트라고 가정하자. 그리고 국산 돼지의 먹이 중, 80퍼센트가 수입 사료(=국산 사료는 20퍼센트)라고 가정하자. 그렇다면 돼지고기의 칼로리 기준 식량 자급률은 0.5×0.2=0.1, 즉 10퍼센트라는 추정이 가능하다.

어패류의 경우에는, 그 나라의 어선이 그 나라에 있는 항구에 하역한 어획물을 그 나라의 국산 공급분으로 간주한다. 그리고 수출된 농산물의 경우에는, 만일의 경우 그 나라 국민에게 공급할 수도 있으므로, 국산 공급분으로 간주해 감정한다.

이 수치는 정부가 다른 주요 선진국과 비교하기 위해 자주 사용하는 지표이다.

금액 기준과 품목별 식량 자급률

이 밖에 '금액 기준의 식량 자급률'이라는 수치도 발표되고 있다.

이는 식량 전체의 소비액에서 국내 생산분이 차지하는 금액의 비율을 나타내는 수치이다. 다만 이 수치는 국산 식료품과 수입 식료품 사이에 금액 차이가 있는 경우, 식량 자급률의 기준으로 삼을 수 없다는 결점이 있다. 예를 들면 국산 농산물의 가격이 수입품보다 높은 경우, 금액 기준의 식량 자급률은 칼로리 기준의 식량 자급률 수치보다 높게 나온다.

수입품의 가격은 환시세에 따라 변하기 때문에 식량 자급률 자체가 이러한 환시세의 영향을 받게 되는 측면도 있다.

그리고 '품목별 식량 자급률'이라는 수치도 있다.

이는 곡물이나 콩류, 감자류, 채소, 과일, 육류, 우유 및 유제품, 어패류 등과 같은 품목별로 국내 소비량에서 국내 생산량이 차지하는 비율을 중량 기준으로 나타낸 것이다.

이 가운데 '곡물 자급률'은 통계를 내기 쉬워서 세계 대부분의 국가에서 그 수치를 공표하고 있다. 곡물 자급률을 산출할 때에는 식용 곡물류뿐만 아니라 가축을 위한 사료용 곡물류의 양도 포함해 계산한다.

칼로리 기준의 식량 자급률

그러면 각국의 식량 자급률에 대해 알아보자. 먼저 '칼로리 기준의 식량 자급률'부터 살펴보겠다.

좀 오래된 자료이지만, 농림수산성이 산출한 2003년도의 수치를 통해 비교해 보겠다.

2003년 당시, 일본의 식량 자급률은 40퍼센트였다. 이를 바탕으로 해서, "일본의 식량 자급률은 40퍼센트"라는 수치가 다양한 미디어를 통해 소개되었다. 2008년도의 수치는 41퍼센트였다.

다른 국가는 어떨까? 선진국 중에서 이 수치가 엄청나게 높은 국가는 오스트레일리아로, 식량 자급률이 무려 237퍼센트이다. 오스트레일리아에서는 국민이 식량으로 소비하는 칼로리의 2배 이상의 식량을 생산하고 있는 것이다.

오스트레일리아의 면적은 약 769만 평방킬로미터이다. 일본의 20배 이상으로, 러시아, 캐나다, 미국, 중국, 브라질에 이어 세계에서 여섯 번째로 넓은 면적을 갖고 있다. 이에 반해 인구는 2008년 수치로 약 2,100만 명으로, 일본의 6분의 1 정도밖에 되지 않는다.

오스트레일리아는 그 광대한 국토의 약 55퍼센트를 농지로 사용하고 있다. 다만, 그 가운데 90퍼센트 이상은 육우나 양 등을 방목하기 위한 토지이며, 경작지는 농지 전체의 6퍼센트 정도에 불과하다. 그러나 경작지의 면적은 약 24만 평방킬로미터로, 일본 전체 국토 면적의 60퍼센트 이상 된다.

전체 경작지 가운데 절반을 차지하는 것은 밀 경작지이다. 밀 이외에는 작물 재배 면적이 큰 순서부터 보리, 유채씨의 일종인 카놀라, 귀리, 수수 등의 사탕수수류가 대표적인 작물이다.

오스트레일리아 이외의 선진국 중에서 식량 자급률이 높은 국가는 캐나다(145퍼센트), 미국(128퍼센트), 프랑스(122퍼센트), 독일(84퍼센트), 영국(70퍼센트), 이탈리아(62퍼센트) 등의 순이다.

각국의 곡물 자급률

다만 이 '칼로리 기준의 식량 자급률'이라는 지표는 일부 선진국에서만 산출하고 있다. 그렇기 때문에 세계 각국의 식량 자급률을 비교하기 위해서는 '곡물 자급률'이라는 별도의 지표를 이용할 필요가 있다. 이제 이 곡물 자급률의 수치에 대해 살펴보자.

구체적으로는 농림수산성이 2003년에 발표한 자료집인 《세계 각국의 곡물 자급률》을 살펴보겠다. 이 자료는 세계 175개의 국가와 지역을 대상으로 하고 있다. 국가·지역의 지역이란, 이스라엘의 점령 아래 있는 팔레스타인, 남태평양의 프랑스령 폴리네시아,

카리브 해의 네덜란드령 안틸이라고 불리는 도서 지역 등을 가리킨다.

이 자료에 따르면, 곡물 자급률이 가장 높은 국가는, 칼로리 기준의 식량 자급률과 마찬가지로, 오스트레일리아이다. 오스트레일리아의 곡물 자급률은 무려 333퍼센트이다. 오스트레일리아는 국내에서 소비하는 곡물의 3배 이상을 생산하고 있는 것이다.

그 다음으로 곡물 자급률이 높은 국가는 남미의 아르헨티나로, 자급률이 249퍼센트이다. 아르헨티나 국토의 약 4분의 1은 '팜파스(pampas)'라고 하는 초원지대가 차지하고 있다. 이 팜파스는 토양이 비옥하여 농업에 적합한 곳이기 때문에, 대두나 옥수수, 밀 등이 재배되고 있으며 이 밖에도 소 등의 방목도 대대적으로 이루어지고 있다. 그래서 농산물 수출이 활발하며 아르헨티나의 수출 총액 가운데 농산물의 비율이 거의 절반을 차지할 정도이다.

곡물 자급률이 높은 국가는 브라질 북쪽과 접경을 이루고 있는 남미의 가이아나(228퍼센트), 우루과이(205퍼센트), 프랑스(173퍼센트), 태국(162퍼센트), 카자흐스탄(150퍼센트), 캐나다(146퍼센트), 파라과이(142퍼센트), 헝가리(141퍼센트) 순이다.

선진국 중에서 곡물 자급률이 높은 국가도 많다.

예를 들면, 미국의 자급률은 헝가리에 이어 세계 11위인 132퍼센트이다. 이어서 스웨덴(122퍼센트), 핀란드(114퍼센트), 덴마크

오스트레일리아	333%
아르헨티나	249%
가이아나	228%
우루과이	205%
프랑스	173%
태국	162%
카자흐스탄	150%
캐나다	146%
파라과이	142%
헝가리	141%

곡물 자급률이 가장 높은 국가들(2003년). 선진국 중에서도
프랑스나 캐나다, 미국 등은 높은 자급률을 자랑한다.

(107퍼센트), 슬로바키아(102퍼센트), 독일(101퍼센트)의 순이다. 참
고로, 영국은 이보다 좀 아래로 곡물 자급률이 99퍼센트이다.

그리고 이탈리아의 곡물 자급률은 영국보다 낮은 73퍼센트, 스
위스는 49퍼센트, 네덜란드는 일본보다 낮은 24퍼센트를 보이고
있다.

한편, 인구 대국인 중국의 곡물 자급률은 딱 100퍼센트이다. 중
국에서는 농업에 종사하는 인구의 수가 매우 많아, 전체 인구 약
13억 명 가운데 약 5억 1,000만 명에 이르는 것으로 보인다. 또
다른 인구 대국인 인도의 곡물 자급률은 98퍼센트이다.

곡물 자급률이 낮은 국가

다음으로 곡물 자급률이 가장 낮은 국가를 살펴보겠다.

앞에서 제시한 자료《세계 각국의 곡물 자급률》에 따르면, 세계에는 곡물 자급률이 0(제로)인 국가·지역이 16곳 있다.

사모아 독립국, 세이셸, 세인트루시아, 세인트크리스토퍼 네비스, 네덜란드령 안틸 제도, 키리바시, 아이슬란드, 프랑스령 폴리네시아, 버뮤다 제도, 아랍 에미리트 연합(UAE), 지부티, 몰디브, 모리셔스, 자메이카, 바베이도스, 브루나이. 이상 16개의 국가·지역이 곡물 자급률 제로이다. 기후나 토양 등이 곡물을 재배하는 데 적합하지 않은 열대나 냉·한대의 섬나라, 사막 국가 등이 대부분이며, 이들 국가가 세계에서 가장 곡물 자급률이 낮은 국가라고 할 수 있다.

다만, 곡물 자급률과 식량 전체의 자급률은 다른 것이므로 이들 국가·지역 모두의 식량 자급률이 세계에서 가장 낮다고 단언할 수는 없지만 그 대부분의 국가·지역에서 식량 자급률이 낮은 것은 분명하다.

곡물 자급률에 관한 자료를 살펴보면, 한 가지 알 수 있는 것이 있다.

그것은 곡물 자급률이 100퍼센트 이상인 국가가 적다는 사실과 함께, 대부분의 국가·지역이 곡물 수입에 의존하지 않을 수 없는 상황에 놓여 있다는 점이다.

예를 들면, 자료에 나와 있는 175개 국가·지역 중에서, 곡물 자급률이 100퍼센트 이상인 국가는 약 20퍼센트인 33개국에 불과하다.

반면 곡물 자급률이 20퍼센트를 밑도는 국가·지역은 모두 40곳이다. 50퍼센트를 밑도는 국가·지역은 69곳이다. 80퍼센트를 밑도는 국가·지역의 경우는 전체의 약 65퍼센트인 112개국이나 된다. 이와 같은 국가·지역에서는 정도의 차이는 있으나 소비하는 곡물 중 상당한 부분을 수입에 의존하고 있다.

세계 전체를 보면, 사실 모든 노동 인구 중 약 47퍼센트가 농업에 종사하고 있다. 그 대부분은 개발도상국 사람들이다. 그리고 이러한 상황에도 불구하고 대부분의 개발도상국에서는 식량을 수입해야만 하는 상황에 처해 있다.

급증하는 식량 수요

세계의 식량 사정에 대한 화제로 돌아가 보자. 먼저 식량의 수요에 관해서이다.

최근, 세계의 식량 수요는 크게 증가하고 있다. 예를 들면 1970

년부터 2005년까지 35년 동안 세계의 인구는 약 1.8배 증가한 반면, 밀의 수요는 1.9배, 옥수수는 2.7배, 대두는 4.8배나 증가하였다.

이는 세계 전체적으로 '한 사람 당 소득'이 증가한 것과 큰 관련이 있다.

세계를 살펴보면, 최저 생활을 하는 사람이 약 10억 명 정도에 달한다. 기아로 인해 세계 전체적으로 '매일' 2만 4,000명이나 되는 사람들이 사망에 이르고 있으며, 이 가운데 어린이 사망자만 5초에 한 명씩 발생하고 있다.

한편으로 선진국이나 신흥국 등지에서 경제 발전이 이어지면서, 특히 거대한 인구를 보유한 중국이나 인도를 비롯한 신흥국에서는 식생활이 해마다 선진국 수준에 가까워지고 있다. 이와 같은 국가들에서 사람들이 먹는 곡물의 양은 변함이 없거나 줄어드는 반면, 고기나 계란, 우유 등의 축산물 소비량은 급증하고 있다.

축산물을 생산하기 위해서는 사료로 사용할 대량의 곡물이 필요하다. 예를 들어 계란 1킬로그램을 생산하기 위해서는, 옥수수로 환산해 보면 3킬로그램의 곡물이 필요하다. 닭고기의 경우는 4킬로그램의 곡물이 필요하다. 돼지고기는 7킬로그램이 필요하며, 소고기는 11킬로그램의 곡물이 필요하다. 그렇기 때문에 축산물의 소비량이 늘수록 결과적으로 곡물의 수요도 함께 증가한다는 말이다.

또한 현재 '바이오 연료'용으로 곡물의 수요가 증가하는 상황도 나타나고 있다.

바이오 연료란, 옥수수나 사탕수수, 목재와 같은 자연계의 다양한 유기물로 만든 연료를 말하는 것으로, 바이오 매스 에탄올 등이 여기에 속한다. 원료로 곡물을 사용하는 경우가 많으며, 그 곡물이 자라는 과정에서 공기 중의 이산화탄소를 흡수한다. 그래서 이산화탄소 등의 온실 효과 가스를 배출하는 석유나 석탄과 같은 '화석연료'보다 지구 온난화에 영향을 덜 미치기 때문에 현재 주목을 받고 있다.

그러나 바이오 연료를 생산하기 위해 많은 곡물을 사용하게 되면, 식용으로 사용할 곡물 공급에 차질이 생겨 공급량이 줄어들 가능성이 있다는 지적도 나오고 있다. 이처럼 바이오 연료 역시 한편으로 단점을 지니고 있다.

더욱 어려워지는 식량 수급

이와 같은 상황에 반해, 농산물을 수확하는 토지 면적인 '수확 면적'은 세계 전체적으로 볼 때, 1970년부터 현재까지 거의 늘지 않았다.

그러나 한편으로, 같은 면적의 농지에서 수확할 수 있는 작물의 양(이를 '단수單收'라고 부른다)이 증가해, 농산물의 수확량은 증가하였다. 따라서 선진국 등은 늘어나는 식량 수요를 충족시킬 수 있었다. 농작물 단수의 증가는 농작물의 품종 개량이나 비료의 투입, 병충해 구제 기술의 발전, 관개 설비의 정비 등에 힘 입어 나타난 결과이다.

다만, 앞으로의 식량 수급과 관련한 상황은 한층 어려워질 가능성도 있다.

이는 곡물 시장에 다음과 같은 특징이 있기 때문이다.

첫째는, 수출입 되는 무역량이 생산량 전체의 10~11퍼센트 정도로 적고, 수출국 내에서 식량 수요가 변하면 무역량이 크게 영향을 받는다는 점이다.

둘째는, 주요 곡물 수출국이 미국이나 캐나다, 오스트레일리아, 남미 여러 국가, 중국 등에 한정되어 있다는 점이다. 예를 들어 세계의 전체 밀 수출량 가운데 미국과 캐나다, 오스트레일리아, 아르헨티나 등 4개국의 수출량을 합치면 약 60퍼센트에 이른다. 대두는 미국과 브라질, 아르헨티나 등 3개국의 수출량이 전체의 90퍼센트를 차지한다. 옥수수의 경우는 미국에서만 세계의 약 70퍼센트를 수출하고 있을 정도이다.

셋째는, 곡물 수입량으로는 일본이나 한국, 타이완 등 아시아의 국가·지역이 전체 중 많은 부분을 차지하고 있다는 점이다.

곡물 시장이 이와 같은 상황에 있는 가운데, 중국이나 인도를 비롯한 신흥국의 식량 수요가 급증하고 바이오 연료용 곡물 수요도 증가하고 있다. 최근, 구소련 국가들이 식량 수출국으로 성장하고 있지만, 이들 지역에서의 농업은 기후에 크게 좌우되는 불안정한 요소가 많은 것으로 나타나고 있다. 앞으로의 식량 수급은 더욱 어려워질 가능성이 있다.

이와 같은 상황을 반영이라도 하듯, 최근 수출을 금지하거나 수출의 규모를 설정하는 농산물 수출국이 늘고 있다. 예를 들어 2008년에 어떤 형태로든 수출 규제 조치를 취한 국가로는 아르헨티나, 볼리비아, 브라질, 러시아, 우크라이나, 키르기스스탄, 인도, 베트남, 중국 등을 비롯한 많은 국가가 있다. 이들 국가에는 농산물 거대 수출국도 포함되어 있다.

지금까지 미국이나 오스트레일리아 등이 수출을 규제하지 않았기 때문에 우리가 그 영향을 느낄 정도는 아니었지만, 과연 앞으로는 어떨까?

수입 식품의 안전성

수출되는 식량과 관련해서는 이 밖에도

여러 가지 문제점이 있다.

그 하나가 '중국산 냉동 만두 사건'에서 보듯, 수출입 식품의 안전성 문제이다.

냉동 만두 사건은 2007년부터 이듬해인 2008년에 걸쳐 이목을 집중시킨 사건으로, 중국 기업이 제조한 냉동 만두를 먹은 사람들이 급성 식중독에 걸린 적이 있다. 경찰 조사 결과, 식중독의 원인이 된 만두에서 맹독성 유기 인산계의 농약이 검출되었다. 사망자가 나오지는 않았으나 만두를 몇 개만 먹어도 사망에 이를 위험성이 있었기 때문에, 언론에서 연일 대대적으로 보도하며 화제가 되었다.

이러한 사건 발생 원인에 대해 2010년 3월, 중국의 조사 당국은 냉동 만두를 제조한 중국 기업에서 일하던 사람이 회사에 불만을 품고 저지른 범행이었다고 발표하였다. 그러나 조사 과정의 초기 단계부터, 냉동 만두를 제조한 중국 기업의 관계자가 저지른 일이라고 생각했던 일본의 조사 당국과, 이에 반발하는 중국의 조사 당국 사이에 서로 불신이 깊어지는 등, 수입품을 둘러싼 문제 해결은 그리 간단하지 않다는 것을 알 수 있다.

국내에서는 도저히 모두 파악할 수 없는 많은 수입 식품들에는 이와 같은 문제점도 잠복해 있다.

유전자 변형 작물에 대한 우려

유전자 변형(GM) 작물에 대
한 우려의 목소리도 높다.

유전자 변형 작물이란, 작물이 가진 고유의 유전자에 다른 기능
을 가진 유전자를 집어넣어서 새로운 기능을 만들어 내려고 개발
한 작물을 말한다.

현재 상업화된 유전자 변형 작물은 지금까지 먹어온 작물과 전
혀 다른, 새로운 종(種)이라는 의미는 '아니다'. 기존에 있던 작물
에 유분이 많은 '기능성', 많이 수확할 수 있다는 '고수량성', 신선
도 유지 수명이 길어지는 '보전성', 해충이나 바이러스, 건조나 염
분, 나아가 제초제 등에 강한 '스트레스 내성'을 추가한 것이 지금
시중에 나와 있는 유전자 변형 작물이다.

미국에서는 이와 같은 유전자 변형 작물 재배가 진행 중이다.
예를 들어 2003년 시점에서 옥수수가 전체 재배량 중 40퍼센트,
대두는 81퍼센트가 유전자 변형 작물이라고 한다. 그 대표적인 것
이 해충에 대한 내성을 강화한 'Bt 콘(옥수수)', 제초제에 대한 내
성을 강화하여 잡초를 뽑는 일손을 줄인 '라운드업 레이디 빈(대
두)' 등이다.

일본이나 EU 각국에서도 이들 식품의 수입이 조금씩 늘고 있
다. 일본에서는 현재 대두와 옥수수, 감자, 유채씨, 목화, 사탕무,

알팔파와 같은 7개 작물, 126품종의 유통·판매를 인정하고 있다.

이와 같은 유전자 변형 작물에 대해 문제점을 지적하는 의견도 있다. 예를 들어 인체에 미치는 영향이다.

유전자 변형 작물은 전혀 새로운 종으로 탄생한 식물은 아니지만, 어쨌든 자연계에는 지금까지 존재하지 않았던 식물이다. 그 때문에 사람이 먹었을 때 알러지 반응 등 예기치 못한 현상이 인체에 발생할 가능성이 있다는 의견도 있다.

또한 자연계에 미치는 영향이라는 관점에서도 주시하지 않을 수 없다.

현재, 유전자 변형 작물은 꽃가루가 자연계에 나오지 않도록 관리되고 있다. 그러나 인간의 실수 등으로 언젠가는 자연계에 번져 갈 가능성도 없지 않다. 유전자 변형 작물의 꽃가루가 자연계 식물에 부착되어 '교잡'이 일어나면, 지금까지 자연계에는 없었던 형질을 가진 식물이 자연계 안에 태어날 수도 있을 것이다. 새로운 환경에 적응하여 자손을 남기려는 생물의 힘을 과소평가하는 것은 위험한 일이다. 유전자 변형 작물의 꽃가루가 언젠가 확산될 가능성이 있다는 사실은 부정하지 못할 것이다.

또한 유전자 변형 작물의 경우, 종자를 특정 기업이 독점하는 현상도 문제로 떠오르고 있다.

예를 들어 미국에 본사를 둔 다국적 기업 '몬산트 사'는 많은 유전자 변형 작물의 종자를 판매하고 있다. 그리고 그 중 상당 부분이 기능성이나 스트레스 내성과 같은 형질이 1대인 당대밖에 유지되지 않는 'F1 품종'이라 불리는 종자이다. 이 F1 품종을 심어 작물을 재배하여 씨앗을 받았다고 해도, 그 씨앗에서 자란 다음 세대 작물에게서는 대부분 원하는 형질을 기대할 수 없다. 그 중에는 씨앗을 받을 수 없는 유전자 변형 작물까지 있다.

따라서 농가의 농민들은 매년 이러한 'F1 품종'의 종자를 구입해야만 한다. 이것이 유전자 변형 작물이 가진 또 다른 단점이다.

참고로 일본에서는 냉동식품이나 컵라면 등의 '가공식품'에 대두나 옥수수, 감자와 같은 앞에서 언급한 7종류의 유전자 변형 작물을 원재료에 포함시킨 제품의 경우, 유전자 변형 작물을 사용하였다는 사실을 제품에 표시하여야 한다. 다만, 유전자 변형 작물의 혼합률이 모든 원재료 중 5퍼센트 미만이거나, 유전자 변형 작물의 중량이 모든 원재료 중 상위 3품목에 들어가지 않는 경우에는 제품에 표시하지 않아도 된다고 규정하고 있다.

7장 진학률

교육과 그 나라의 미래

교육은 그 나라의 미래와 깊게 관련되어 있다.

오늘날 각종 규칙이나 제도, 과학 기술을 응용한 많은 도구나 설비 등이 사회가 기능하는 데 커다란 역할을 하고 있다. 따라서 이 사회를 살아가려면 이러한 것을 이해하고 습득하기 위한 지식이 반드시 필요하다. 언어를 적절하게 효과적으로 사용하거나 논리적으로 사고하기 위한 훈련도 중요하다. 교육은 인간이 사회생활을 하는 데 필요한 기능이나 지식을 습득하기 위한 매우 중요한 기회라고 할 수 있다.

또한 교육은 그 나라의 경제와도 밀접하게 관련되어 있다. 국제 연합아동기금(UNICEF)에 따르면, 다음과 같은 자료가 나와 있다.

- 문자 해독률이 55퍼센트 미만인 국가의 국민 한 사람 당 소득은 평균 600달러
- 문자 해독률이 55~84퍼센트인 국가의 국민 한 사람 당 소득은 평균 2,400달러
- 문자 해독률이 85~95퍼센트인 국가의 국민 한 사람 당 소득은 평균 3,700달러
- 문자 해독률이 96퍼센트 이상인 국가의 국민 한 사람 당 소득은 평균 1만 2,600달러

이 자료를 살펴보면, 문자 해독률과 국민 한 사람 당 소득 사이에는 매우 밀접한 관계가 있다는 것을 알 수 있다. 교육 수준이 높아져 문자 해독률이 올라가면 경제가 이에 상응하여 조금씩 발전하고 이를 바탕으로 국가 전체가 풍요로워진다. 국가는 더욱 교육에 힘을 기울이게 되고 문자 해독률이 한층 상승하고 다시 경제가 발전하는 '호순환 사이클'이 문자 해독률과 경제 사이에 존재하는 것이다. 교육과 그 나라의 풍요로움도 마찬가지라고 할 수 있다.

유네스코의 자료

　　　　　각국에서 실시하고 있는 교육을 비교해 보면, 그 나라의 사정에 따라 차이점도 많다. 그러나 글을 읽거나 쓰거나 계산을 하는 기본적인 기능이나 지식을 가르친다는 부분에서는 공통된 요소가 적지 않다.

따라서 각국의 진학률을 비교해 보면, 그 나라 국민이 어느 정도의 교육을 받고 어느 정도의 기능이나 지식을 습득하였는지를 대략적이나마 알 수 있다. 그리고 이에 대해 알면, 미래에 그 나라에 찾아올 풍요로움을 점쳐 볼 수 있다고 해도 지나친 말이 아니다.

그러면 실제로 각국의 진학률을 살펴보겠다. 이와 관련해서 국제연합 교육 과학 문화 기관(UNESCO)에서 《국제 교육 다이제스트(Global Education Digest)》라는 자료를 발표하였다.

이 자료에 소개된 '초등교육'은 특수교육을 포함한 초등학교를 가리킨다. 한편, '중등교육'은 중학교와 고등학교를, '고등교육'은 대학·고등전문학교 이상의 교육을 의미한다.

그리고 진학률에는 '순(純) 진학률'과 '조(粗) 진학률'이 있다.

전자는 '해당 연령'의 진학자 수가 전체 진학 연령자의 수에서 차지하는 비율을 나타낸다. 이 비율은 100퍼센트가 최대 비율이다. 한편, 후자는 진학자 수가 전체 진학 연령자의 수에서 차지하는 비율을 나타낸다. 예를 들어 진학 연령보다 높은 연령인 학생들이 다수 입학하였을 경우에는 이 비율이 100퍼센트를 넘을 수도 있다.

그러면 먼저 일본의 진학률부터 살펴보겠다. 유네스코의 자료에 따르면, 초등교육 진학률은 2007년의 수치로 순 진학률·조 진학률 모두 100퍼센트이고, 중등교육은 순 진학률이 98퍼센트, 조 진학률이 101퍼센트이다. 또한 고등교육 진학률은 조 진학률이 58퍼센트이다(고등교육 진학률은 다양한 연령을 가진 사람들이 진학하기 때문에 유네스코는 순 진학률을 발표하지 않는다).

이것이 선진국 중에서도 교육 수준이 높은 측에 속하는 일본의 진학률이다.

쿠바의 진학률

그럼 이러한 진학률이 가장 높은 나라는 어디일까?

진학률이 높은 국가는, 일본도 그렇지만 초등·중등교육의 진학률이 거의 100퍼센트인 곳이 많으므로, 고등교육 진학률로 비교해 보고자 한다.

고등교육 진학률이 가장 높은 국가는 쿠바로, 그 비율이 무려

109퍼센트이다. 쿠바에서는 진학 연령 인구보다 훨씬 많은 사람이 대학 등에 진학하고 있는 것이다.

여기서 쿠바에 대해 잠깐 알아보자. 쿠바는 미국에서 아주 가까운 곳에 위치해 있는 섬나라이다. 미국 플로리다 반도 남단에 있는 마이애미에서 플로리다 해협을 사이에 두고 300킬로미터 정도밖에 떨어져 있지 않은 곳이다.

쿠바에서는 1959년 이후, 피델 카스트로가 이끄는 혁명 정권이 지배하고 있으며, 사회주의 정책이 실시되고 있다. 자본주의 진영의 맹주인 미국은 이러한 쿠바에 대해 위기감을 느끼고 미국으로 망명해 온 쿠바인을 지원하는 등 혁명 정권을 위협해 왔다.

그 과정에서 1962년 10월에는 소련의 핵미사일이 쿠바에 들어왔다.

당시 미국 케네디 정권은 소련의 지도자 흐루시초프에게 핵미사일 철수를 강력하게 요구함과 동시에. 해군을 보내 쿠바 주변 해상을 봉쇄하였다. 이와 같은 일련의 사태는 미국과 소련 간의 긴장을 한순간에 고조시켜, 세계는 핵전쟁 직전까지 이르고 말았다. 당시 케네디 정권의 한 고위직 관료는 "다음 주까지 과연 우리가 살아 있을지 큰 불안감에 사로잡혔다"고 훗날 회고하였다.

결국, 흐루시초프가 핵미사일을 철수함으로써 초강대국끼리의 대결은 종결되었다.

그러나 이때 인류는 유사 이래, 적어도 과거 1만 년 동안 가장 절체절명의 순간에 직면했었다고 해도 크게 틀리지 않을 것이다.

다시 이야기를 본론으로 돌리겠다. 쿠바는 인구가 약 1,100만 명이다. 그 경제 규모도 2007년에 GDP가 520억 달러, 한 사람 당 GDP가 약 4,600달러인 작은 나라이다.

쿠바의 경제 역시 바로 눈앞에 있는 초강대국 미국이 적대시하는 바람에 오랫동안 금수 조치가 내려진 상태여서 부진을 면치 못하고 있다. 최근에는 그 제한이 조금씩 풀리고 있지만, 쿠바가 금수 조치로 인해 큰 타격을 입고 있다는 사실에는 크게 달라진 점이 없다. 한편으로 쿠바는 사회주의 정책을 실시하여 국민에게 교육과 의료 등을 대부분 무료로 제공하고 있다.

사회주의는 국민의 노동 의욕을 꺾는 등의 문제점이 있다고 지적을 받아왔다. 또한 쿠바에서는 정치적인 자유도 제한을 받고 있다. 한편으로, 높은 고등교육 진학률이라는 점을 통해서, 가난한 가운데에서도 국민의 능력을 필사적으로 높이고자 하는 쿠바 정부의 사고방식도 엿볼 수 있다.

참고로, 진학률을 남녀별로 살펴보면, 남성이 77퍼센트인 데 반해, 여성은 143퍼센트나 된다. 여성의 진학 의욕이 훨씬 강하다는 것을 알 수 있다.

한국의 높은 진학률

　　　　　　　　　쿠바 다음으로 고등교육 진학률이 높은 나라는 어디일까?

　바로 일본의 이웃나라인 한국이다. 한국의 진학률은 95퍼센트이다. 한국은 교육에 대한 사람들의 관심이 높아 그 입시 전쟁의 치열함은 일본을 능가한다. 수능 기간이 되면 각 보도 기관까지 그 상황을 대대적으로 보도한다. 노동자의 연봉도 학력에 따라 크게 다른 사회이기 때문에 대부분의 가정에서는 아이들에게 한층 질 좋은 교육을 시키고자 필사적이다.

　남녀별 진학률을 살펴보면, 남성이 113퍼센트인 데 반해, 여성은 75퍼센트이다. 쿠바와는 대조적인 경향을 보이고 있다.

　한국에 이어 진학률이 높은 나라는 핀란드이다. 핀란드의 진학률은 94퍼센트이다.

　이어서 그리스(91퍼센트), 슬로베니아(86퍼센트), 미국(82퍼센트), 덴마크, 뉴질랜드(모두 80퍼센트), 노르웨이, 우크라이나, 리투아니아(모두 76퍼센트), 스웨덴, 러시아, 오스트레일리아(모두 75퍼센트), 라트비아(74퍼센트), 아이슬란드(73퍼센트)의 순이다.

　이 밖에 주요 선진국으로는 스페인(69퍼센트), 이탈리아(68퍼센트), 아일랜드(61퍼센트), 네덜란드(60퍼센트), 영국(59퍼센트)의 순이다. 일본은 영국에 이어 58퍼센트이며, 프랑스와 포르투갈은 56

쿠바	109%
한국	95%
핀란드	94%
그리스	91%
미국	82%
스웨덴	75%
러시아	75%
이탈리아	68%
영국	59%
일본	58%
프랑스	56%

쿠바와 주요 선진국의 고등교육 진학률. 60퍼센트 이상인 국가도 많아, 일본의 진학률이 그리 높지 않다는 것을 알 수 있다.

퍼센트의 진학률을 보이고 있다.

흥미를 끄는 점은 남녀별 비율로, 일본과 한국에서는 남성의 진학률이 높은 편인 데 반해, 여기에 국명을 제시한 다른 '모든' 국가에서는 여성의 진학률이 높은 편으로 나타났다. 구미 각국과 한국·일본 양국 사이에 나타난 이러한 차이는, 어떤 의미에서 그 사회가 가진 양상을 드러내 보여주고 있다고 할 수 있을 것이다.

진학률이 낮은 나라

이번에는 진학률이 가장 낮은 나라에 대해 살펴보겠다.

전세계에는 읽기와 쓰기를 하지 못하는 사람이 약 10억 명 정도 있다고 한다. 이 가운데 98퍼센트가 개발도상국에 살고 있으며 약 3분의 2가 여성이다. 이와 같은 상황은 개발도상국 중에서도 특히 가난한 '후발 개발도상국'에 사는 아이들 중 45퍼센트가 학교를 다니지 않는 것과도 크게 관련되어 있다.

진학률이 가장 낮다는 것은 그 나라의 미래에 그만큼 마이너스 요소가 크게 자리해 있다는 것을 의미한다.

그럼 먼저 '초등교육'의 진학률부터 살펴보겠다.

초등교육 진학률의 순(純) 진학률이 가장 낮은 나라는 라이베리아로, 그 진학률은 31퍼센트에 불과하다. 라이베리아에서는 초등학교에 입학해야 할 연령의 아이 세 명 중 한 명도 초등학교에 입학하지 못하고 있다. 초등학교를 다니지 않는 아이들은 어디에서 읽고 쓰기 그리고 계산법을 배울까? 가난한 이 나라에서는 부모들도 읽기 쓰기를 하지 못할 가능성이 높다. 다만, 조(粗) 진학률은 83퍼센트이므로, 취학 연령이 지나서 초등학교에 입학하는 아이들은 많이 있는 것으로 보인다.

이에 반해, 순 진학률이 라이베리아에 이어 낮은 에리트레아는 상황이 더 심각하다. 에리트레아에서는 순 진학률이 41퍼센트인데, 조 진학률도 55퍼센트로 낮은 수준에 머물러 있다. 아주 단순하게 볼 때, 이러한 경향이 계속될 경우, 아이들 중 초등학교에 입학하는 수는 절반 정도밖에 되지 않을 것이다. 나머지 절반 정도의 아이들은 평생 초등학교 문턱 한번 넘어보지 못할 가능성이 있는 것이다.

순 진학률이 에리트레아에 이어 낮은 나라인 니제르도 마찬가지이다. 순 진학률이 45퍼센트인데, 조 진학률 역시 53퍼센트에 불과하다. 지부티도 순 진학률이 니제르와 마찬가지로 45퍼센트고 조 진학률은 56퍼센트로 나타나 있다.

그 다음으로 콩고(콩고 민주공화국과는 다른 나라이다)인데, 순 진학률이 54퍼센트이고, 조 진학률이 106퍼센트이다. 콩고에 이어 낮은 나라는 중앙아프리카 공화국으로, 순 진학률이 56퍼센트이고, 조 진학률은 74퍼센트이다.

아프리카와 아시아 · 태평양 지역

지금까지 소개한 6개국은 모두 아프리카 사하라 이남에 있는 국가들이다. 사하라 이남 국가들의 빈곤 정도가 이 지역의 미래까지도 어둡게 하고 있다는 것을 이를 통해서도 알 수 있다.

5장에서 콜롬비아 대학의 제프리 삭스 교수 등이 교육 원조의 필요성을 주장한 내용에 대해 소개했는데, 이는 바로 이와 같은 사태가 초래하는 폐해를 이미 제프리 삭스 교수 팀은 숙지하고 있었기 때문일 것이다.

사실 사하라 이남 지역에는 통계에 잡히지 않는 국가도 있다. 예를 들어 소말리아는 2007년의 수치를 알 수 없으며, 발표된 것은 1999년의 조 진학률뿐이다. 그 비율은 고작 12퍼센트이다. 1999년 단계에서는 소말리아에서 초등학교에 진학하는 아이는 취학 연령이 지난 아이까지 포함해도 약 8명에 한 명 정도의 비율밖에 되지 않았다. 이와 같은 현상은 지금도 크게 달라지지 않았을 것이다.

아시아·태평양 지역에서 초등교육 진학률이 가장 낮은 나라 중 하나는 파푸아뉴기니다. 파푸아뉴기니도 진학률에 관한 자료가 나와 있지 않지만, 발표된 2007년의 조 진학률은 55퍼센트이다. 순 진학률은 조 진학률보다도 수치가 낮은 경우가 많아, 파푸아뉴기니도 아프리카의 에리트레아나 니제르와 마찬가지의 상황일 것으로 보인다.

중등교육 진학률

다음으로 중학교나 고등학교 등 '중등학교'의 진학률이 낮은 국가에 대해 살펴보겠다.

자료에 따르면, 순 진학률이 가장 낮은 나라는 모잠비크로, 그 비율은 불과 3퍼센트이다. 조 진학률은 중학교가 26퍼센트, 고등학교 등이 7퍼센트이다. 즉 중등학교에 진학할 연령의 학생 가운데 진학하는 학생은 고작 3퍼센트뿐이다. 중학교나 고등학교에는, 진학 연령의 진학자 수를 포함하여도 극히 일부만이 진학한다는 것을 알 수 있다.

모잠비크에 이어서 순 진학률이 낮은 나라는 니제르이다. 그 비율은 9퍼센트이다. 조 진학률은 중학교가 15퍼센트, 고등학교 등이 4퍼센트이다.

순 진학률이 낮은 나라는 니제르에 이어서 부르키나파소(14퍼센트), 모리타니(17퍼센트), 우간다(19퍼센트), 마다가스카르(21퍼센트), 세네갈(22퍼센트), 시에라리온(23퍼센트)의 순이다. 지금까지 모두가 아프리카 사하라 이남의 국가들이며, 이 순위의 뒤를 잇는 국가들도 역시 사하라 이남의 국가들이다. 또한 소말리아 등은 자료조차 발표되지 않았다.

아프리카 지역 이외에서는 아프가니스탄(26퍼센트), 파키스탄(32퍼센트), 캄보디아(34퍼센트) 등의 낮은 진학률이 눈에 띈다.

고등교육 진학률

　　　　　　　이번에는 대학·고등 전문학교 이상인 '고등 교육'의 진학률에 대해 살펴보겠다.

　주요 선진국에서는 진학 연령이 된 대부분의 학생이 고등교육을 위해 진학하는 국가가 많다. 한편으로, 특히 후발 개발도상국이라 불리는 국가에서는 고등교육의 진학률이 매우 낮은 비율을 차지한다.

　2007년의 수치를 보면, 고등교육 진학률이 1퍼센트 전후인 국가도 많다. 중앙아프리카 공화국, 차드, 모잠비크, 탄자니아 등이 여기에 해당한다. 이들 국가는 고등교육 진학률이 가장 낮은 국가라고 해도 무방할 것이다. 시에라리온은 관련 자료가 발표되지 않아 정확한 상황을 알 수 없지만, 이 나라 역시 여기에 해당될 가능성이 높다.

　고등교육 진학률이 2퍼센트인 국가로 부룬디, 3퍼센트인 국가로 앙골라, 부르키나파소, 에티오피아, 케냐, 마다가스카르, 르완다, 지부티 등이 있다.

　이 밖의 지역에서 고등교육 진학률이 낮은 국가로는 캄보디아(5퍼센트), 네팔, 남미의 트리니다드 토바고(모두 11퍼센트), 인도, 라오스, 남미의 가이아나(모두 12퍼센트), 피지, 브루나이(모두 15퍼센트) 등을 들 수 있다.

이들 국가는 대부분 경제적으로 가난하다. 여기에서도 교육과 경제가 깊이 관련되어 있다는 점을 다시 한 번 확인할 수 있다.

새로운 변화

세계의 교육 상황을 살펴본 결과, 진학률에 매우 큰 격차가 있다는 사실을 알 수 있을 것이다.

그러나 한편으로 새로운 변화도 일고 있다. 전세계적으로 진학률이나 취학률이 해마다 상승 곡선을 그리고 있다는 점이다. '취학률'이란, 학교에 다닐 연령인 아이의 수 가운데 실제로 학교에 다니는 아이 수의 비율을 가리킨다.

예를 들면, 1960년과 1990년의 수치를 비교해 보겠다. 초등교육 취학률의 경우, 이 비율이 100퍼센트였던 국가는 1960년 시점에 세계에서 28퍼센트밖에 없었다. 그런데 1990년에는 약 50퍼센트까지 증가하였다.

1960년 시점에 전세계에서 초등교육 취학률의 '중앙치'(초등교육 취학률이 전체 수치의 한가운데 순위에 위치하는 국가의 초등교육 취학률을 가리킨다)는 80퍼센트였지만, 1990년에는 이 비율이 99퍼센트로 증가한다. 아주 단순하게 표현하면, 초등교육 취학률이 세계 90~100번째의 국가에서 그 취학률이 99퍼센트를 보인 것이다.

이는 상당히 진보한 양상이라고 할 수 있다.

중등교육도 마찬가지이다. 중등교육 취학률의 중앙치는 1960년대에 13퍼센트였지만, 1990년대에는 45퍼센트로 증가한다.

대학교육도 마찬가지 경향을 보인다. 대학교육 취학률의 중앙치는 1960년에 1퍼센트 정도였는데, 1990년에는 7.5퍼센트로 크게 증가하였다.

또한 대학생이 없는 국가가 1960년에는 29개국이나 있었지만, 1990년에는 모로코, 감비아, 기니비사우 등 3개국뿐인 것으로 나타났다. 이후 1999년에는 감비아에 대학이 들어섰다.

이와 같은 상황을 살펴보면, 전세계적으로 취학률이 증가하고 있다는 사실을 알 수 있다.

빈곤으로 고통을 받으며 많은 국민이 학교에 다니지 못하는 최빈국도 많지만, 한편으로 이러한 상황에 조금씩 변화가 나타나고 있다는 점 역시 분명한 사실이다.

3부

면적과 인구

8장 면적

국토 면적과 국력

　　　　　역사를 돌이켜보면, 광대한 국토를 보유한 국가일수록 경제, 군사, 기술, 문화 등에서 막강한 힘을 지닌 경우가 대부분이었다.

　국력이 강하기 때문에 광대한 영토를 보유할 수 있었다고 말할 수도 있지만, 넓은 국토를 보유하고 있고 그곳이 농업에 적합한 비옥한 지역일 경우에는 그만큼 많은 인구를 부양할 수 있게 된다. 많은 인구를 먹여 살릴 수 있다면 그만큼 우수한 인재가 출현할 가능성도 높아진다. 게다가 많은 사람들이 왕래하는 가운데 기술이나 문화의 발전과 전달이 한층 용이해지는 측면도 간과할 수 없다. 또한 국토가 넓으면 목재나 광물 자원과 같은 천연자원이 풍부할 가능성도 높아지므로 그만큼 관련 산업 역시 발달할 수 있는 기회가 많아진다. 그리고 경제가 발달하면 군사력이나 기술력도 더욱 높은 수준을 구가할 수 있을 것이다.

이와 같은 의미에서 지금까지 전통적으로 국토의 크기는 국력을 나타내는 중요한 지표 중 하나로 고려되었다.

거대 국가 러시아

세계에서 국토 면적이 가장 큰 나라는 바로 러시아이다.

유럽 대륙과 아시아 대륙에 걸쳐 있는 러시아의 면적은 약 1,710만 평방킬로미터에 달한다. 이는 일본의 45배 이상이고, 남미 대륙 전체 면적보다 조금 작은 정도의 크기다. 서쪽으로는 유럽 발트 해 연안에서부터 동쪽으로는 태평양까지, 러시아 국토는 동서로 약 1만 킬로미터에 이르며, 같은 러시아 안에서조차 9개의 시간대가 존재한다. 남북의 길이는 약 4,000킬로미터로, 북쪽으로는 북극권에서부터 남쪽으로는 흑해나 카스피 해에 접한 지역까지 실로 광대하다.

러시아는 1991년 12월에 소련(소비에트 사회주의 공화국 연방)이

붕괴하면서 12개 국가로 분리되었을 때, 소련의 주요 부분을 계승한 국가이다. 국토의 약 75퍼센트, 인구의 약 50퍼센트, 나아가 모든 핵무기와 해군을 포함한 군사력 대부분을 소련으로부터 계승했다.

참고로 소련은 1917년 3월과 11월(러시아력으로는 2월과 10월)에 일어난 '러시아 혁명'으로 탄생한 국가이며, 그 이전에는 황제가 지배하는 '러시아 제국'이었다.

러시아의 국토 확장

러시아는 언제부터 광대한 영토를 보유하게 되었을까? 여기서 러시아의 영토 확장 역사에 대해 간단히 살펴보고자 한다.

사실 처음부터 러시아가 세계 최대의 국토 보유국임을 자랑했던 것은 아니다.

러시아의 시작은 서기 882년에 북유럽을 본거지로 한 바이킹의 일족이 키예프를 중심으로 건설한 '키예프 국'이다. 476년에 유럽의 주요 부분을 지배하던 서로마제국이 붕괴하자 이들 바이킹 일족은 이어진 오랜 혼란을 틈타 키예프와 그 주변 지역을 점령했다.

이후 키예프 국은 분열하게 되고 여러 공국(公國)이 탄생한다.

공국이란, '왕'이 아니라 '공(公)'이라 불리는 군주가 통치하는 체제를 말하며, 비교적 규모가 작은 나라이다.

13세기에 들어서면서 이들 공국은 갑자기 출현한 몽골의 군대에게 점령되어 몽골의 지배를 받게 된다. 칭기즈칸이 분열되었던 몽골의 여러 부족을 통일해 주변 각 지역을 정복했고, 그의 손자인 바투가 강력한 군대를 이끌고 러시아와 중부 유럽을 침공해 왔기 때문이다. 이후 러시아는 약 240년 동안이나 몽골의 지배하에 있었다.

그러나 오랜 세월 몽골의 지배를 받으면서도 점차 힘을 기른 공국이 있었다. 바로 모스크바를 중심으로 한 모스크바 공국이다. 모스크바 공국은 몽골의 힘이 조금씩 쇠퇴하는 가운데, 다른 공국이나 도시를 공격하여 점차 세력을 확대해 갔다. 이에 1480년, 몽골의 '대한국'이 모스크바 공국으로 군대를 보냈다. 그러나 스스로 영향력의 쇠락을 알고 있던 대한국의 군대는 모스크바 공국의 군대와 대치만 하다가 결국 실질적인 공격 한번 하지 못한 채 퇴각하고 만다. 얼마 뒤 대한국은 멸망했다.

이리하여 모스크바 공국은 명실공히 그 힘을 인정받게 되고, 나아가 훗날 러시아 제국으로 발전하였다.

16세기 중반에 모스크바 공국에는 '뇌제(雷帝)'로 불린 '이반 4세'가 등장했다. 그의 지휘 아래 시베리아 진출이 본격화하는데,

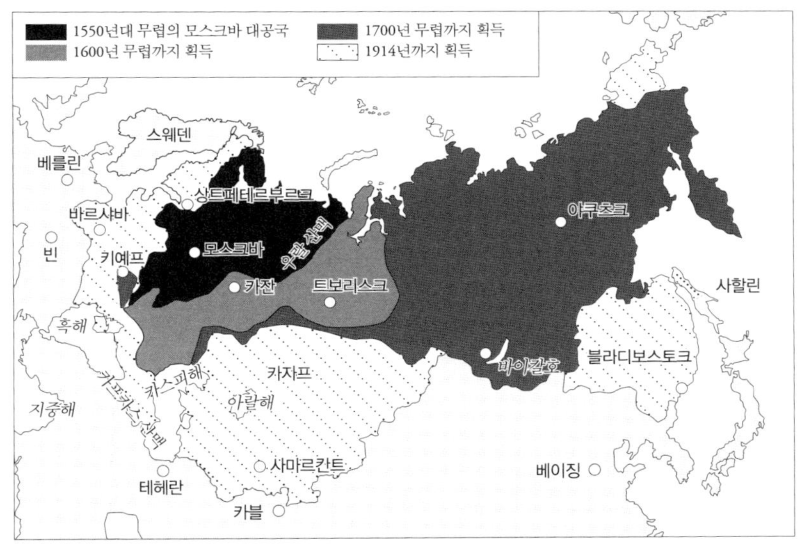

러시아의 영토 확대. 본래 유럽에 있던 러시아는 150년 만에 광대한 시베리아를 지배하기에 이르렀다.

이들의 시베리아 진출 방법은 매우 거칠었다. 먼저 무장한 이주자들이 새로운 토지로 들어가서 저항하는 원주민이 있으면 그들을 내쫓거나 무력으로 제압하기도 했다. 그 다음에 귀족들이 들어가 지배권을 얻어 자신들의 백성을 이주시키거나, 토지를 갖고 싶어 하는 각지에서 도망한 농민을 이주시키기도 했다.

또한 시베리아에는 여우나 담비를 비롯한 모피를 얻을 수 있는 동물이 많았기에 수렵업자나 모피 상인도 많이 들어왔다. 16세기 말에는 국가 수입의 3분의 1이 모피 수입이었다는 말이 있을 정도였으니, 얼마나 많은 사람들이 시베리아로 들어왔는지 짐작할 수 있다.

이렇게 러시아의 지배 지역은 시베리아로 급속히 확산되어 갔다. 그 속도는 17세기 말에 이르러 이주자들이 태평양 연안에 도착할 정도로 빠른 것이었다. 이반 4세가 즉위한 16세기 중반에는 유럽 안에 머물러 있던 지배 지역이 150년 동안 광대한 시베리아를 뒤덮을 정도로 확대되었던 것이다.

모스크바에서 블라디보스토크까지

이 시기에 이반 4세의 직계 자손의 대가 끊겨 새로이 로마노프 왕조가 탄생했다. 로마노프 왕조의 지배가 시작되어 표트르 대제(재위 1682~1725년)나 여제 에카테리나 2세(재위 1762~1796년)와 같이, 국가의 근대화를 추진하여 수많은 전쟁을 승리로 이끈 유능한 황제가 등장해 영토는 더욱 확대되었다.

가령, 1721년에는 발트 3국(에스토니아, 리보니아, 잉그리아)을 손에 넣었고, 1772년에는 폴란드의 일부를, 1774년에는 흑해 북부 연안 지역을 획득했다. 또한 1812년에는 러시아를 침공한 나폴레옹의 프랑스 군대를 괴멸시켰으며, 이후 프랑스의 영향 아래 있던 폴란드 전 지역을 러시아의 지배 아래에 두게 되었다.

19세기 중반 이후에 들어서면서는 중앙아시아로 본격 진출하게 된다. 유목민 부족 연합체인 카자흐를 점령함과 동시에, 당시 여전히 존재하던 칭기즈칸 후예들의 나라인 브라하 한국, 히바 한국, 코칸드 한국 등을 공격하여 수중에 넣었다. 현재 카자흐스탄, 키르기스, 투르크메니스탄과 같은 중앙아시아의 독립국이 자리한 이 지역은 이 시기에 러시아의 영토로 편입되어 소련으로 이어졌다.

그리고 1904년에는 시베리아 철도가 개통되어 모스크바와 러시아 동쪽 끝인 블라디보스토크가 연결되면서 러시아의 시베리아 지배는 한층 공고해진다.

이처럼 러시아는 비교적 단기간에 세계 최대의 영토를 획득하기에 이르렀다. 현재의 러시아는 이 광대한 국토에서 나오는 자원을 자국 국력의 원천으로 삼아 전략적으로 활용하고 있다. 이는 이 시기의 급속한 영토 확장이 있었기 때문에 가능한 일이었다. 이 자원 전략에 대해서는 4장에서 살펴본 바 있다.

미국의 국토

초강대국 미국은 국토 면적에서도 세계 3위를 차지하고 있다.

총면적은 일본의 25배 이상에 해당하는 약 963만 평방킬로미터이다. 동서로 약 4,500킬로미터, 남북으로 약 2,500킬로미터에 달하는 광대한 국토를 보유하고 있다. 각 주를 살펴보아도 미국 전체 50개 주 가운데 알래스카 주, 텍사스 주, 캘리포니아 주, 몬태나 주 등 4개 주의 각 면적은 일본보다도 넓다.

미국의 크기는 자동차로 달려보면 실감할 수 있다. 미국 서부 지역의 길고 긴 직선 도로를 하루 종일 운전했는데도 지도로 확인하면 그리 먼 거리를 달린 것이 아니라는 사실을 발견할 수 있다.

미국 국토의 특징 가운데 하나는 태평양과 대서양이라는 두 개의 대양을 접하고 있다는 점이다. 3장에서 살펴보았듯, 미국은 이를 바탕으로 자국의 막강한 군사 함대를 용이하게 전세계로 파견할 수 있다. 바로 이 점이 지구의 바다를 지배하는 미국의 세계 전략이라고 할 수 있다.

또한 미국은 대륙 영토와 알래스카 외에, 하와이 제도와 괌, 북마리아나 제도, 사모아 등 태평양에도 영토를 보유하고 있다. 이 때문에 알래스카를 제외한 미국 본토에만 4개의 시간대, 해외 영토까지 포함한 미국 전 영토에는 10개의 시간대가 존재한다.

미국의 영토 확대

미국은 러시아와 마찬가지로 역사상 매우 빠른 속도로 영토를 확대한 국가이다. 그 과정에 대해 살펴보고자 한다.

영국이 북미에 첫 정착 식민지인 제임스타운을 건설한 것은 1607년의 일이다. 이후 식민지를 확대하여 경제적으로도 성공을 거두면서 사람들은 점차 독립을 원하게 되었다. 그 결과 1775년에 독립전쟁이 시작되었으며 전쟁이 계속되는 가운데 이듬해 1776년 7월 4일에는 13개 식민지에서 독립선언을 하기에 이른다. 미국에서는 이를 기념해 매년 7월 4일을 '독립기념일'로 정해 이를 축하하고 있다.

독립전쟁은 독립선언이 있은 지 5년 후인 1781년 10월에 식민

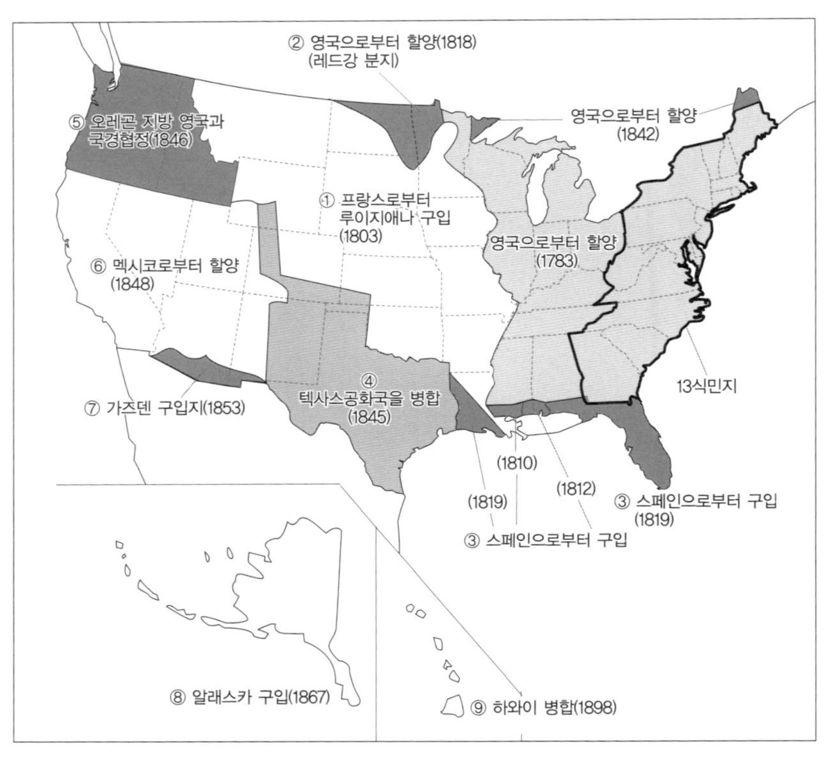

미국의 영토 확대. 미국은 전쟁 등을 통해, 건국 당시 13개 주에서 순식간에 영토가 태평양에 닿는 거대 국가가 되었다.

지 버지니아의 요크타운에서 미국군이 승리를 거두면서 실질적으로 종결되었다. 1783년, 미국과 영국 사이에 체결된 평화조약에 따라 미국은 13개 식민지의 독립을 쟁취했으며 나아가 서쪽의 미시시피 강에 이르는 지역을 영토로 획득했다.

이후 미국은 ① 프랑스로부터 루이지애나 구입(1803년), ② 영국으로부터 레드 강 분지 획득(1818년), ③ 스페인으로부터 플로리다 등지를 구입(1810년대), ④ 텍사스 병합(1845년), ⑤ 영국으로부터 오리건 획득(1846년), ⑥ 멕시코로부터 서부 지역 획득(1848년), ⑦ 멕시코로부터 남서 지역 구입(가즈덴 구입, 1853년) 등의 순서로 대륙의 영토를 확대해 갔다.

그리고 ⑧ 러시아로부터 알래스카 구입(1867년), ⑨ 하와이 병합(1898년), ⑩ 스페인으로부터 푸에르토리코, 필리핀, 괌 획득(1898년) 등 영토 확장을 계속해 나갔다.

그리고 나서 필리핀이 1946년에, 미크로네시아 연방과 마셜 제도가 1986년에, 팔라우가 1994년에 미국으로부터 독립했다.

전쟁이 확장시킨 미국 영토

미국의 역사를 살펴보면 눈에 띄는 사실이 하나 있다. 바로 유사시에 거리낌 없이 전쟁을 실행에 옮겼으며 결과적으로 그것이 국가를 발전시켜 왔다는 점이다.

영국의 지배에서 벗어나기 위해 시작한 독립전쟁은 이와 다른 경우이지만, 영토를 확대해 갈 때에 앞에서 언급한 ③, ④, ⑥, ⑨, ⑩의 경우는 전쟁의 결과물이라고 볼 수 있다. 게다가 이러한 전쟁을 도발하기 위해 전쟁 유발 술수를 꾸민 사례가 적지 않았다는 점도 주목할 부분이다.

물론 아메리카 원주민의 토지를 강탈할 때 무력을 사용했다는 점도 빼놓을 수 없다.

대외적인 전쟁이라는 의미에서, 예를 들면 ④의 텍사스 병합에 대해 살펴보자. 이 텍사스 병합과 관련해서 미국은 멕시코와 미묵 전쟁(美墨戰爭, 1846~1848년)을 벌이는데, 이것이 바로 미국의 도발로 시작된 전쟁이었다.

본래 텍사스는 스페인의 식민지였으나 멕시코가 스페인으로부터 독립하면서 멕시코 령이 되었다. 이곳에서는 개발을 목적으로 미국에서 들어온 이주자들의 입국을 받아들였다. 그러나 이로 인해 텍사스에서는 수적으로 증가한 이주자들의 영향력이 점점 커져갔다. 이와 같은 상황 속에서 텍사스는 멕시코로부터 독립을 해 '텍사스 공화국'임을 선언하였다. 이후 텍사스 공화국은 미국으로 병합되는 길을 모색하였고 1845년에 마침내 미국에 병합되었다.

이에 분노한 멕시코는 미국과 대립하며 대치 상태가 이어진다.

그러던 중 미국 쪽에서 먼저 도발을 하게 된다. 당시 멕시코와 텍사스의 경계선은 미국 쪽 주장과 멕시코 쪽 주장이 서로 달랐다. 그런데 이때 멕시코가 자국령이라고 주장하던 지역에 미국이 군대를 파견한 것이다. 멕시코는 이 행위를 국경 침범이라고 보았으며 결국 양측 사이에 군사 충돌이 발생했다. 이것이 미묵전쟁의 시작이다.

전쟁은 미국의 승리였다. 미국은 멕시코에게 텍사스의 영유를 인정하게 한다. 게다가 ⑥의 캘리포니아 주, 네바다 주, 애리조나 주 등을 포함한 광대한 지역까지 획득하기에 이른다. 미국은 멕시코의 분노를 도발하고 이를 전쟁 상황으로 유도해 결과적으로 영토를 확대해 간 것이다.

미국의 도발 전략

또한 ⑩은 1898년에 스페인과의 사이에 발생한 미서전쟁(美西戰爭)에서 미국이 승리하면서 얻게 된 영토이다. 미서전쟁은 미국의 전함인 메인 호에서 발생한 의문의 폭발사건으로 인해 촉발되었다.

당시 쿠바의 수도인 하바나 항은 스페인의 지배를 받고 있었는데 이곳에 정박해 있던 미국의 전함 메인 호가 폭발해 침몰하는 사건이 발생했다. 이에 대해 미국은 정확한 원인을 찾지 못했음에도 불구하고 스페인이 도발한 사건이라고 주장하고 나섰다.

"메인 호를 잊지 말라"는 국민의 분노가 들끓는 가운데, 미국은 스페인에 선전포고를 한다. 이 전쟁에서 신예함을 다수 보유한 미국이 단기간에 승리를 거두었고, 그 결과 미국은 스페인으로부터 해외 영토를 획득했다.

그런데 전쟁이 끝난 뒤, 새로운 사실이 밝혀진다. 메인 호는 스페인의 공격에 의해 폭발한 것이 아니라 군함 내의 사고 때문에 폭발했다는 사실이 드러난 것이다.

⑩의 영토를 획득한 이후의 역사를 살펴보아도 미국은 많은 전쟁을 도발했다. 그리고 전쟁을 일으킬 준비를 끝낸 뒤, 직접 전쟁의 계기를 만들기도 하고, 우연히 발생한 사건을 개전을 위한 도화선으로 이용하기도 하는 등, 이와 같은 사례가 적지 않다. 이는, 건국 초기에는 영토를 확대하기 위해, 거대 국가가 된 후에는 기존의 국제 질서를 유지하기 위해 필요했던 것일지도 모른다. 그렇지만 미국은 유사시 단호히 전쟁을 일으키고 그 전쟁에서 승리함으로써 발전해 온 역사를 지녔다는 점을 기억해 둘 필요가 있다.

한편 세계 2위의 면적을 보유한 캐나다는 역사적으로 살펴보면, 영국의 식민지로서 발전을 지속하는 가운데 전쟁을 하지 않으면서 조금씩 자국의 독립을 이루어갔다. 지금도 종주국이었던 영국과의 친밀한 관계를 증명이라도 하듯, '영국 연방'에 속해 영국 국왕이 임명한 '총독'이 국가원수권을 대행한다. 이 캐나다 총독은 상징적인 존재에 지나지 않지만, 오늘날에는 캐나다인이 총독으로 선출된다. 현 총독은 미셸 장이라는 아이티 출신의 여성으로, 2010년 2월에 있었던 캐나다 밴쿠버 동계올림픽에서 개회를 선언하기도 하여 기억하는 사람이 있을 것이다.

이와 같은 캐나다와 영국의 관계에 비하면, 미국은 독립전쟁을 쟁취한 초창기부터 전쟁과 떼려야 뗄 수 없는 관계였음을 알 수 있다. 그만큼 미국이 '젊고 활기가 넘치는 나라'였다는 것인지도 모르지만.

중국의 국토

아시아에도 미국 못지않게 광대한 국토를 보유한 국가가 있다. 바로 중국이다.

중국의 국토 면적은 세계 4위인 약 960만 평방킬로미터이다. 대략 그 지세는 동쪽이 평원지대, 서쪽은 산지나 고원, 구릉 등이 많은 지역이라고 할 수 있다. 국민 대부분이 동쪽의 평원지대, 즉 바다에서 1,500킬로미터 이내에 위치한 지역에 살고 있다.

서쪽으로는 4,000미터 높이의 산들이 이어지는 티베트 고원이

펼쳐지고, 그 북쪽에는 타클라마칸 사막을 포함한 타림 분지가 자리해 있다. 그 동쪽에는 해발 1,000∼2,000미터의 황토 고원 등이 위치해 있다.

중국의 국토 역시 역사와 함께 큰 변화를 거쳐 왔다. 그 과정에 대해 간략하게 알아보겠다.

최근의 고고학 연구에 따르면, 중국 최초의 왕조는 기원전 2000년 이후에 번성한 '얼리터우 문화(二里頭文化)'인 것으로 보인다.

다만 이 얼리터우 문화의 범위는 황하 중류 지역으로 한정되며, 현재의 중국과는 비교도 되지 않을 정도로 작은 규모였다. 그리고 지금까지 이 시기에 하(夏)왕조가 중국의 넓은 범위를 통치했다고 전해지는데, 현재는 하왕조가 존재하지 않았던 것으로 의견이 모아지고 있다.

역대 왕조의 영토

얼리터우 문화 이후에는 역사서에 기술된 왕조들이 실제로 존재하여 이들이 중국을 지배해 왔다. 중국의 시대 구분은 대략적으로 정리해 보면 다음과 같다.

은(殷) → 주(周, 서주西周) → 춘추(春秋) → 전국(戰國) → 진(秦) → 한(漢, 전한前漢) → 신(新) → 후한(後漢) → 삼국(위魏 / 오

吳 / 촉蜀) → 진(晉) → 동진(東晉) / 5호(胡) 16국(國) → 남북조(南
北朝) → 수(隋) → 당(唐) → 5대(代) 10국(國) → 송(宋) / 요(遼)
→ 남송(南宋) / 금(金) → 원(元) → 명(明) → 청(淸) → 중화민국
(中華民國) → 중화인민공화국(中華人民共和國)으로 이어진다.

참고로 '/'로 표기한 시기는 몇 개 국가가 분립되어 있었다는
뜻이다. 또한 현재는 본토를 지배하는 중화인민공화국과 타이완
을 지배하는 중화민국이 존재하고 있으며, 양쪽 모두 자신들이 중
국의 정통이라고 주장한다. 국제연합(UN)의 의석은 중화인민공
화국이 갖고 있다.

앞에서 말한 시대의 흐름으로 볼 때, 처음 등장하는 은(殷)은 기
원전 16세기 무렵에 성립한 왕조로 보인다. 당시 은왕조가 지배한
지역은 허난성(河南省)에서 발견된 '은허(殷墟)'라는 왕도(王都)를
중심으로 비교적 좁은 범위로 한정되어 있었다. 또한 춘추 및 전
국 시대에는 주(동주東周)왕조의 힘이 쇠락하여 몇 개 국가가 난립
해 있었기 때문에 중국 전 지역을 통치하는 국가는 존재하지 않
았다.

그러나 전국시대에 많은 전투가 벌어지는 가운데 서쪽의 대국
이었던 진(秦)이 점차 주변 국가들을 압박해 갔으며, 영정(嬴政)이
라는 이름의 왕이 등장하여 마침내 중국을 통일했다. 영정은 중국
을 통일한 다음, 스스로 '시황제(始皇帝)'라고 칭하였다. 자신은

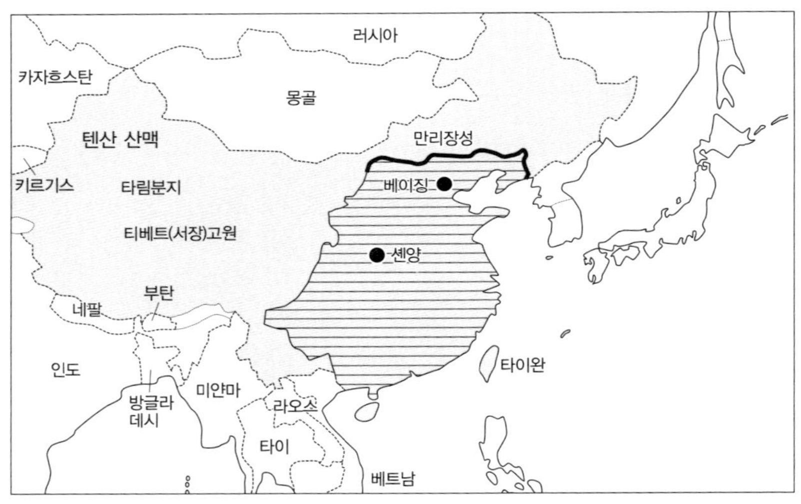

진왕조(秦王朝)의 판도와 오늘날의 중국. 진왕조 시기의 판도는 현재 중국의 1/3 정도의 크기였다.

'황제'를 칭하는 최초의 임금이라는 의미이다. 그는 자신에 이어 다음 황제가 '2대 황제', 그 다음은 '3대 황제'로서 자신의 왕조를 영원히 이어가리라 생각했던 것 같다. 이 시점에서 중국 영토의 크기는 현재의 3분의 1 정도로, 오늘날의 티베트 자치구, 신강 위구르 자치구 등지는 포함되어 있지 않았다.

진(秦)은 시황제 영정의 바람과는 달리, 황제의 지위가 그와 그의 아들인 2대에서 그치고 말았다(2대 황제의 뒤를 이은 영자영嬰子嬰은 이미 진이 제국이라고 불릴 수 없을 정도로 약화되었다는 사실을 깨닫고 스스로 '황제'가 아니라 '왕'이라 칭하며, 훗날 한왕조를 세운 유방에게 항복하였다). 시황제가 세상을 떠나자 혼란이 일면서 진은 멸망한다. 진에 이어 한(漢)왕조가 중국을 지배하기 시작했기 때문이다.

한왕조는 국정이 안정되자 당시 '서역'으로 불린 지역에까지 군대를 파견하였다. 이로써 현재의 신강 위구르 자치구 등지를 '서역도호부(西域都護府)'로서 한의 감독 아래 두는 데 성공했다.

이후 중국은 작은 국가들로 분열되기도 하고, 그런 와중에 서역의 영토를 잃기도 했으며, 다시 회복하기도 하는 과정이 반복되었다. 그리고 역사상 중세 중국의 최고 전성기라는 당(唐)의 시대에 다시 현재의 신강 위구르 자치구 주변을 회복했다. 그러나 지금의 티베트(서장) 자치구의 한 지역에 있는 토번(吐蕃)이라는 국가를 중국의 지배 아래에 두지는 못했다.

원 이후의 중국

이후 중국의 영토가 크게 확대된 것은 원(元) 시대에 이르러서이다. 원은 몽골 칭기즈칸의 손자인 쿠빌라이가 중국의 금(金)과 남송(南宋)을 멸망시키면서 세운 나라이다. 말하자면 점령군이 세운 나라라고 할 수 있다. 이러한 원이 중국의 주변 국가들까지 정복하면서 결과적으로 중국의 영토가 한층 넓게 확대되었던 것이다.

이어서 중국을 통치한 명(明)의 시대에는 현재의 신강 위구르 자치구 주변을 상실한다. 그러나 이후 청(淸)왕조는 한층 적극적으로 영토 확대를 추진했다. 티베트의 경우에는 그 내부의 권력 투쟁을 틈타 공격을 가해 점령했다. 지금도 계속되고 있는 중국과 티베트 사이의 대립은 바로 이 시대에 시작되었다고 할 수 있다. 또한 청은 현재 몽골에 속한 지역까지도 당시 지배 아래에 두었다.

1912년, 혁명으로 청(淸)이 무너지고 중화민국이 등장한다. 왕이나 황제가 지배하지 않는 국가가 마침내 중국에도 탄생한 것이다. 중화민국은 청의 영토 가운데 오늘날의 몽골 지역 등지를 상실하였다.

중화민국에 이어 중화인민공화국이 중국 본토를 통일하면서 중화민국의 영토 대부분을 접수한다. 한편 중화인민공화국에게 밀려 중국 본토에서 건너온 중화민국 세력은 타이완을 지배하기 시작하였다. 이때 타이완에서 줄곧 살아온 '본성인(本省人)'과 본토에서 건너온 '외성인(外省人)' 사이에 대립이 생겼다. 1947년 2월에는 '2·28 사건'이 발생하여 많은 본성인이 처벌되고 살해되었다. 본성인과 외성인의 대립은 시간이 지나면서 점점 진정되고 있지만, 오늘날에도 본성인과 외성인 사이에는 중국 본토에 대한 시각의 차이가 있는 등, 여전히 타이완의 정치·사회에 큰 영향을 끼치고 있다.

이처럼 중국 영토는 시대에 따라 다양하게 변화해 왔다. 중국의 영역은 각 시대가 보유했던 국력에 따라 크게 변화해 왔다는 사실을 기억해 둘 필요가 있다.

세계에서 가장 작은 나라, 바티칸

다음은 가장 작은 나라들에 대해 알아보자.

세계에서 가장 작은 나라는 이탈리아의 로마 시내에 위치한 바티칸 시국(市國)이다. 바티칸 시국의 면적은 약 0.44평방킬로미터에 불과하다. 그렇지만 바티칸 시국은 자국의 국가(國歌)와 국기(國旗)를 가지고 있으며 독자적인 화폐와 우표도 발행하고 있는, 국제적으로 승인받은 독립국이다.

바티칸 시국은 다른 나라들과는 달리, 교황을 수장으로 하는 가톨릭 총본산이라는 특징을 지니고 있다. 그래서 국제정치로부터 한 발자국 거리를 두면서 국제연합에도 가입하지 않았다.

바티칸의 역사는 매우 흥미롭다. 바티칸이 자리해 있는 로마는 본래 고대 로마의 수도였던 곳이다.

오늘날의 이스라엘 갈릴리 주변 지역에서 신의 가르침을 설파하던 예수는 서기 30년 무렵, 십자가형을 받았다. 그러나 이후 예수의 제자들은 각지로 흩어져 그의 가르침을 전파했다.

화제가 조금 벗어나지만, 이 제자들의 활발한 활동이야말로 예수가 부활했다는 중요한 증거라고 한다. 일반적으로 국가에 의해 종교 조직의 지도자가 죽임을 당하면 그 조직의 활동은 점차 쇠퇴의 길을 걷는 경우가 많다. 제자들이 가르침을 받들어 포교활동을 하려면 그만큼 생명의 위협도 따르기 때문이다. 그러나 기독교의 경우, 예수가 사망한 뒤 부활한 그를 만나 "가르침을 널리 전하라"는 그의 목소리를 들은 제자들이 있었기 때문에 활발한 포교활동이 전개되었다. 많은 기독교 신자들이 예수가 십자가형을 당하고 3일 뒤에 부활한 일이 사실이라고 믿는 배경에는 이와 같은 요소가 있는 것이다.

한편 그의 제자들 중 중심 인물이었던 바오로와 베드로는 당시 정치·경제의 중심이었던 로마로 가서 이 지역에서 포교활동을 시작했다. 두 사람은 기독교의 방향성을 정비해 가지만 로마 제국으로부터 심한 박해를 받아 결국 순교하고 만다.

그러나 이들의 가르침은 구원을 바라는 서민들 사이에 은밀하게 전파되어 마침내 서기 313년에 로마 제국으로부터 공인을 받는 데 성공했다. 기독교가 로마 제국의 국교가 된 것이다.

바티칸의 역사

이와 같은 상황 속에서 베드로가 순교를 하고 그의 관이 매장되었다고 알려진 장소에 교회가 세워졌다. 그 장소는 본래 지명인 '바티카누스의 언덕'이라는 이름에서 따와 '바티칸'으로 불리게 된다. 로마 가톨릭 교회인 바티칸은 이렇게 탄생하였다.

330년에는 로마 제국의 수도가 로마에서 오늘날 터키의 이스탄불인 콘스탄티노플로 옮겨진다. 이 당시 종교 조직으로서 구조를 갖춘 바티칸은 로마에 남는다. 이로써 바티칸은 정치의 중심지가 아닌 로마에서 유일한 권위로서 그 지위를 점차 확립해 갔다.

이 과정에서 바티칸은 입법 조직과 행정 조직 등도 정비한다. 나아가 본래 각지의 교회 지도자들을 가리키는 '파파(Papa)'라는 호칭을 로마 가톨릭 교회의 수장인 사제만이 사용하도록 규정하였다. 이것이 파파, 즉 '교황'으로 정착되는 호칭의 유래이다. 이렇게 바티칸은 가톨릭의 총본산으로서 체제를 마련하여 점차 권력까지 손에 넣었다.

중세에 들어서면서 바티칸의 권위는 국가의 권위를 뛰어넘을 정도로 높아진다. 그 상징이 서기 800년의 카를 대제(샤를마뉴)에 대한 대관식이었다. 서로마 제국 멸망 후, 유럽은 소국으로 분열하였는데, 그러한 와중에 카를이라는 지도자가 이끄는 프랑크 족이 오늘날의 독일, 프랑스, 이탈리아 등지에 해당하는 지역을 통일한 것이다. 이때 당시 교황이던 레오 3세는 카를을 서로마 제국의 후계자로 인정하는 대관식을 거행하였다. 대관(戴冠)이란 문자 그대로 공식 자리에서 왕이나 황제의 머리에 왕관을 씌우는 것이다. 이는, 그 인물이 왕이나 황제에 오르는 것을 교황이 인정한다는 의미를 내포한 행위로, 교회의 권위가 그 정도로 높아졌다는 뜻이다.

그러나 그후 중세 유럽에서는 교황과 각국 국왕들 사이에 권력투쟁이 시작되었다. 1077년에는 '카노사의 굴욕'이라는 상징적인 사건까지 일어났으며, 그 밖에도 흥미로운 사건들이 수없이 이어졌다. 이 시기의 바티칸은 기부된 광대한 영지를 보유하고 정치적인 영향력까지 대단히 컸다는 사실을 기억해 둘 필요가 있다.

오늘날의 바티칸 모습을 갖추게 된 것은 1929년에 당시 이탈리아의 독재자 무솔리니와 조약을 체결하여 이 조약에 따라 바티칸의 영토가 확정되면서부터이다. 그리고 당시 물의 공급이나 전화, 우편 등의 수단을 이탈리아가 보증한다는 약속도 성립하였다. 바티칸에 대해서는 9장에서 다시 소개하겠다.

그 밖의 초소형 국가들

바티칸 다음으로 작은 나라는 유럽의 모나코이다.

모나코는 지중해에 접해 있으며 프랑스와 국경을 맞대고 있는 면적 약 2평방킬로미터의 작은 나라이다. 군비를 보유하고 있지 않으며 유사시 방위 문제는 프랑스의 도움을 받는다. 국제연합에도 가입해 의석을 갖고 있다.

참고로 유럽에는 이 밖에도 면적 61평방킬로미터의 산마리노, 160평방킬로미터의 리히텐슈타인, 316평방킬로미터의 몰타, 468평방킬로미터의 안도라와 같은 아주 작은 국가들이 있다. 이들 국가들의 공통점은 비록 작지만 오랜 역사를 지닌 나라들이라는 점이다. 근대국가로서 오늘날의 모습을 갖춘 것은 제2차 세계대전 이후인데, 몰타와 안도라를 포함해 모두 그 바탕이 된 공동체는 중세나 근세 때부터 존재했다. 아주 작은 나라들이지만 독특한 역

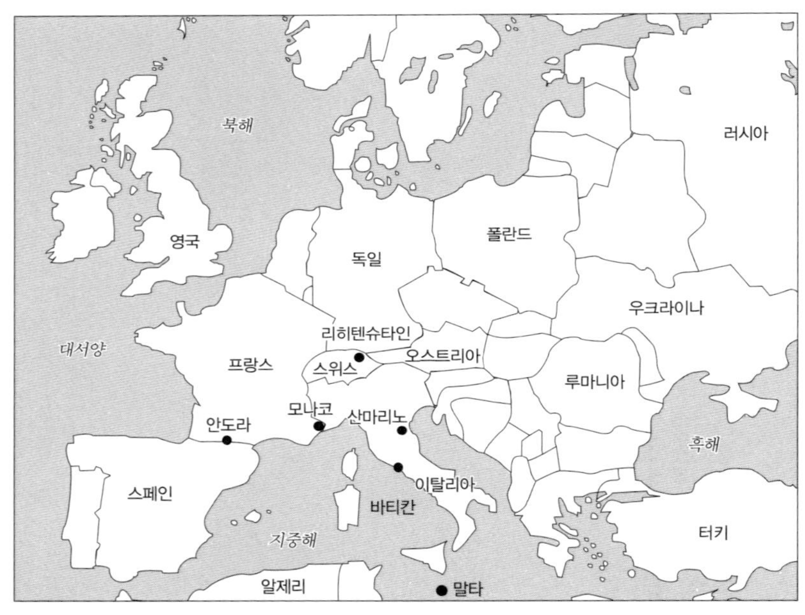

유럽의 초소형 국가들. 이들 국가들은 작지만 오랜 역사적 배경을 가지고 있으며 독특한 문화를 보유하고 있다.

사와 문화를 지녔다는 공통점이 있다.

다시 본론으로 돌아가 보자. 모나코 다음으로 작은 국가는 면적 21평방킬로미터인 나우루이다.

나우루는 뉴기니아 동쪽에 위치한 중부 태평양의 섬나라이다. 국제연합의 신탁통치 지역으로, 1968년까지 오스트레일리아와 뉴질랜드, 영국의 관할 아래에 있었으며, 이후 독립했다. 태평양 전쟁 중에는 구 일본군이 점령한 일도 있다. 주요 수출품은 인광석과 어패류였으나, 인광석이 고갈되고 있어 경제적으로 어려운 상황이 지속되고 있다.

태평양에는 나우루와 마찬가지로 국제연합의 신탁통치 지역이나 식민지 역사를 경험하고 독립한 작은 국가들이 많다.

나우루 외에도 면적 26평방킬로미터의 투발루, 180평방킬로미터의 마셜 제도('마셜 제도 공화국'이라는 독립국이다), 488평방킬로미터의 팔라우, 700평방킬로미터의 통가, 미크로네시아 연방, 730평방킬로미터의 키리바시와 같은 국가들이 여기에 해당한다. 모두 국토의 면적이 도쿄(東京) 면적의 절반이 채 되지 않는다.

이들 국가들의 공통점은 근대적인 산업이 거의 없어, 경제를 원조나 해외로부터의 송금 등에 상당히 많이 의존하고 있다는 점이다. 같은 초소형 국가라 해도 풍족한 국가가 많은 유럽의 초소형 국가들과는 상황이 매우 다르다고 할 수 있다.

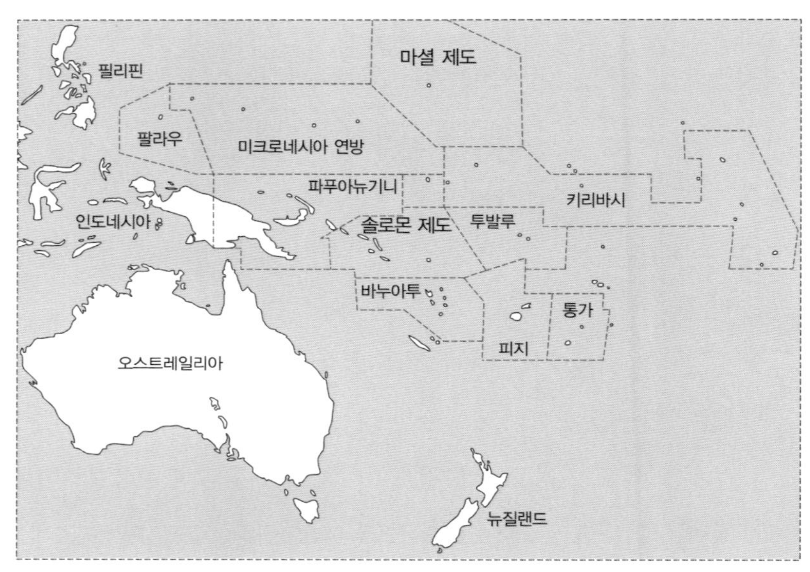

태평양에 있는 초소형 국가들. 유럽의 초소형 국가들과는 달리 근대적인 산업이 없어 가난한 국가들이 많다.

9장 인구

5만 년 동안의 인구 추이

인류는 탄생 이래 조금씩 인구가 증가해 왔다. 다만 그 증가의 속도가 시대에 따라 다양하게 나타난다.

예를 들면, 좀 오래된 추정 수치이지만, 5만 년 전의 총인구는 약 200만 명이었다. 그러다가 2만 2,000년 전에는 350만 명 정도까지 증가했다고 추정하는 연구자들도 있다. 이와 같은 숫자를 바탕으로 인구 증가율을 연률(年率)로 환산하면 0.002퍼센트 정도가 된다. 이는 이 시기에 살던 사람들이 인구 증가를 실감할 수 있는 수치가 아니다.

　게다가 인류가 농경을 시작한 시기로 보이는, 지금으로부터 약 1만 년 전인 기원전 8000년 시점에는 세계 인구가 500만 명 전후로 증가하지 않았을까 추정하고 있다. 그리고 그로부터 5,000년 정도 지난 기원전 3000년 무렵에는 1,400만 명 정도로 늘었으며, 서기 1년 무렵에는 1억 7,000만 명 정도까지 증가한 것으로 추정된다.

　이후에는 서기 500년에 1억 9,000만~2억 600만 명 전후, 서기 1000년에는 2억 5,400만~3억 4,500만 명 정도, 서기 1500년에는 4억 2,500만~5억 4,000만 명 정도로 추정된다. 그리고 서기 1800년에는 8억 1,300만 명~11억 2,500만 명 정도까지 증가했다.

　다만 이 시기의 인구 증가율 역시 오늘날과 비교해 그다지 높은 편은 아니다.

　예를 들면 기원전 8000년 무렵부터 서기 1500년 무렵까지의 약 9,500년 동안에 인구는 약 100배 정도 증가했지만, 이를 연률로 환산하면 약 0.05퍼센트의 증가율을 보인다. 이는 10년 간 약 0.5퍼센트, 100년 동안에 5퍼센트 전후의 완만한 인구 증가 속도이다. 따라서 이 시기에 살던 사람들 대부분은 인구가 증가하고 있다는 느낌을 거의 받지 못했을 것이다.

　또한 이 시기까지는 지역에 따라 단기적으로 인구가 격감하는 일도 종종 발생했다. 전쟁이나 기근, 혹은 전쟁과 기근을 함께 겪

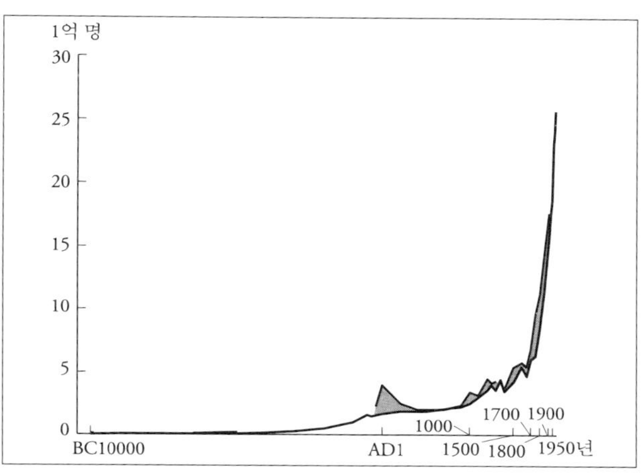

기원전 1만 년 이후의 세계 인구 추이. 세계 인구는 조금씩 증가하고 있었으나, 근래에 들어와서 급속하게 증가하였다. 수치에 변화가 있는 것은 복수의 추정치가 있는 경우.

은 경우, 수십 년 사이에 인구가 반감해 버린 경우도 있었다. 그러나 평균적으로 보면 인구는 실감할 수 없을 정도의 속도이기는 하지만 조금씩 증가하고 있었다.

18세기 후반 이후, 선진국에서 산업혁명이 일어나자 상황은 크게 변했다. 사람들의 생활수준이 향상되었으며, 의료 기술이나 공중위생 제도도 발전을 거듭해 평균 수명이 연장되었고 인구가 각지에서 급격히 증가하기 시작한 것이다.

예를 들면 1950년부터 2000년까지 50년 동안에 세계 인구는 약 25억 2,935만 명에서 약 61억 1,537만 명으로 2.4배 이상 증가하였다(국제연합 인구부 자료). 이는 연률로 환산하면 약 1.8퍼센트의 증가율이다.

앞으로의 인구

앞으로도 세계 인구는 계속 증가할 것이다.

국제연합 인구부에서는 미래의 인구수를 추정하였다. 아주 간단하게 말해, 여성 한 명이 일생 동안 낳는 아이의 수(이를 인구학에서는 '합계 특수 출생률'이라고 하는데, 줄여서 '출생률'이라고 하겠다)가 비교적 높은 수준으로 이어질 경우를 '고위 추계(高位推計)', 크게 줄어들 경우를 '저위 추계(低位推計)', 그 중간을 '중위 추계(中位推計)'로 계산하여 각각의 결과를 발표하였다.

2008년에 발표된 중위 추계에 따르면, 2010년의 인구는 약 69억 869만 명이고, 이후 2020년에 약 76억 7,483만 명, 2030년에 약 83억 890만 명, 2040년에 약 88억 120만 명, 그리고 2050년에는 무려 91억 4,998만 명까지 증가할 것이라고 한다.

세계 인구는 앞으로 100억만 명을 향해 갈 것이다. 다만 10년마다의 증가율은 점차 줄어들고 있다는 사실을 알 수 있다.

출생률의 저하

　　　　　　이처럼 인구 증가율이 줄어드는 현상은 향후의
세계를 살펴보는 데 매우 중요한 사항이다.

산업혁명 이전에 인구는 그다지 급속하게 증가하지는 않았다.
출생률은 현재보다 훨씬 높은 편이었으나, 한편으로 어린이 사망
률이 높았으며 또한 사람들의 평균 수명도 짧았기 때문이다.

예를 들면, 1790년 이전 유럽에서 결혼한 여성이 낳은 아이의
수는 평균 7명 이상이었다는 조사 결과가 있다. 이 자료에 따르
면, 영국에서는 평균적으로 7.6명, 독일에서는 8.6명, 벨기에에서
는 9.1명의 아이를 낳았다고 한다. 그러나 이 아이들 대부분이 성
인이 되기 전에 사망하였기 때문에 유럽에서 태어난 아이 중 살아
남아 성인이 된 경우는 평균적으로 2명을 약간 웃도는 정도였다.

여성들이 이처럼 많은 아이들을 낳은 배경에는 당시 사람들이
자신의 노후에 아이들에게 부양을 받고자 한 명이라도 더 많이 낳
으려 한 절박함이 있었던 것으로 보인다.

그러나 산업혁명이 진전을 보이며 사람들의 생활수준이 향상되
자, 선진국에서는 출산율이 급격하게 저하되었다. 많은 국가에서
의료 수준이 향상되어 아이들의 사망률이 감소하였고 경제적으로
도 풍요로워지고 연금제도 등이 정비됨에 따라 아이를 많이 낳을
필요가 없어진 것이다. 특히 선진국에서는 아이를 적게 낳고 태어

난 아이를 소중하게 기른다는 가족관이 정착해 갔다.

현재 선진국에서는 대부분 출생률이 2를 밑돌고 있다. 일반적으로 아이들의 사망률을 생각하면 출생률이 2.1인 경우 그 나라의 인구는 안정되어 늘거나 줄지 않는 상태를 유지한다. 다시 말해 출생률이 2 이하라는 것은 그 나라의 인구가 결국 줄어든다는 것을 의미한다. 일본의 인구는 2004년에 약 1억 2,783만 명으로 정점을 찍은 후 감소하고 있는데, 이 역시 이와 같은 낮은 출생률이 큰 원인이다.

출생률이 낮아지고 있는 곳은 선진국뿐만이 아니다.

국제연합 인구부에 따르면, 1970년 시점에 세계 전체의 출생률은 약 4.5였다. 그러던 것이 2000년에는 2.7까지 감소했다. 여성이 일생 동안 낳는 아이의 수가 지난 30년 간 무려 40퍼센트나 줄어든 것이다. 2050년에는 그 숫자가 2.0 전후로 줄어들 것이라는 예측이 나왔다. 이 예측이 얼마나 정확한지는 현시점에서 알 수 없지만, 결국 세계의 인구 증가 속도가 더뎌질 것이라는 점은 확실하다.

만약 출생률 저하가 두드러진다면, 세계의 인구는 21세기 중에 정점을 맞이하게 될 것이라는 추계도 있다. 일본에서의 출생률 저하가 예상 밖으로 빨랐다는 것을 고려하면, 이러한 사태가 발생하지 않으리라는 보장은 없다.

인구 대국, 중국

　　　　　그럼 여기서 세계에서 가장 인구가 많은 나라의 상황에 대해 살펴보고자 한다. 바로 중국이다.

중국의 인구는 2008년에 약 13억 3,741만 명. 이는 세계 인구의 약 5분의 1로, 19.8퍼센트를 차지할 정도의 대규모이다. 2위인 인도의 인구가 11억 8,141만 명이므로, 인도보다도 1억 5,600만 명 정도 더 많은 인구를 보유하고 있는 것이다.

중국에는 왕조의 역사를 기록한 사서 등에 인구통계가 기록된 경우가 많아, 이를 바탕으로 옛날 중국의 인구를 알 수 있다. 이에 대해 잠시 살펴보자.

역사서 등에 따르면, 서기 2년(중국 한왕조 시대)에는 약 7,100만 명, 88년(후한 시대)에는 약 4,400만 명, 606년(수왕조 시대)에는 약 5,400만 명, 705년(당왕조 시대)에는 약 3,700만 명의 인구가 있었다.

나아가 1193년(중국 남부의 남송＋북부의 금)에는 약 1억 2,000만 명, 1290년(원왕조 시대)에는 약 8,600만 명, 1393년(명왕조 시대)에는 약 6,100만 명, 1751년(청왕조 시대)에는 약 2억 100만 명, 1851년(청왕조 시대)에는 약 4억 1,800만 명, 1975년(중화인민공화국)에는 약 7억 2,500만 명의 인구가 있었다.

물론 이들 숫자를 모두 곧이곧대로 믿을 수는 없지만, 대략적인 경향을 짐작하는 데 참고할 수 있을 것이다.

중국의 한 자녀 정책

현재의 중국에 대해 이야기해 보겠다. 중국에서는 현재 '한 자녀 정책'을 실시하고 있다.

이 정책이 본격적으로 시작된 1980년 당시, 중국 내 인구가 급속하게 증가하고 있어 이대로라면 인구 증가에 맞추어 사회기반의 정비를 이루지 못할 것이라는 우려가 나왔다. 이에 대처하기 위해 중국 정부는 부부가 낳을 수 있는 아이의 수를 원칙적으로 한 명으로 제한하는 정책을 발표했다. 이것이 한 자녀 정책이다. 이를 위반하면 벌금을 징수하는 등의 벌칙을 마련하였다.

중국의 인구 증가 속도는 이 정책의 실시에 따라 크게 제동이 걸렸다. 사실 그 당시 중국의 출생률은 저하되는 경향을 보이고 있어, 1982년 시점에 2.9 정도였다. 이러한 경향이 한 자녀 정책의 도입으로 가속이 붙어 현재의 출생률은 1.7까지 저하되었다.

2008년 시점에 중국의 인구는 13억을 넘었지만, 인구 증가 속도는 점차 더뎌지고 있다. 2009년에 발표된 중국 정부의 추계에 따르면, 중국 내 인구는 2033년 전후에 약 15억 명으로 정점을 찍을 것이라고 한다.

다만 이 한 자녀 정책에도 몇 가지 문제점이 지적되고 있다.

그 하나는 '헤이하이즈(黑孩子)'라고 불리는 아이들의 존재이다. 이는 한 자녀 정책에 따라 등장한 정책의 그늘로, 부모들이 자신이 낳은 둘째 아이부터 비밀리에 키우면서 호적에 올리지 못한 아이들을 가리키는 말이다. 이처럼 무호적으로 자란 아이들이 중국 전체에 수백 만 명 단위로 존재한다는 보고도 있다. 이들은 호적이 없기 때문에 학교 교육이나 공적 서비스를 받지 못한다. 이른바 사회의 인정을 받지 못하는 아이들이 다수 존재하는 상황이며, 이는 큰 사회 문제가 되고 있다.

또한 농촌 지역 등지에서는 임신 중에 태중의 아이가 여자 아이일 경우에는 인공유산을 시키는 경우도 많다고 한다. 부모 입장에서는 일하고 돈 벌 사람이 필요해 남자 아이를 원하기 때문이다.

물론 이런 일이 공공연하게 벌어지는 것이 아니기 때문에, 이러한 일이 얼마나 자주 발생하는지 정확한 수치가 나온 것은 아니다. 그러나 2004년의 수치를 살펴보면, 중국에서 새로 태어난 아이의 숫자가 여자 아이 100에, 남자 아이는 무려 121 이상이라고 한다. 하이난 성(海南省)의 경우에는 135 이상이라는 수치가 나왔다. 통상 남자 아이가 고작 몇 퍼센트 정도 많이 태어나는 것이 일반적이라는 점을 감안하면, 중국이 얼마나 특수한 경우인지를 알 수 있다.

이 때문에 중국은 미래에 '남자가 남아도는' 나라가 될 것이다. 예를 들면 2020년 단계에는 3,000만~4,000만 명의 남성이 결혼 상대를 찾지 못할 것이라는 추계도 나와 있다. 그리고 이 숫자는 앞으로도 계속 늘어날 것이다. 가정을 갖지 못하는 젊은 남성이 급증하여 그만큼 사회가 불안해지는 매우 심각한 현상이 초래될 수도 있다.

급속하게 진행되는 고령화

중국의 더 큰 문제는 급속한 고령화 현상이다.

일반적으로 그 나라의 인구에서 차지하는 65세 이상 고령자의 비율이 7퍼센트를 넘은 나라를 '고령화 사회', 14퍼센트를 넘은 나라를 '고령 사회'라고 부른다. 일본을 포함한 선진 각국은 이미 고령 사회에 진입하였다.

이에 반해 중국은 2001년에 고령화 사회에 진입했고, 현시점에서 아직 고령 사회에 진입하지는 않았다. 다만 인구 예측에 따르면, 2026년 전후에는 고령 사회로 진입할 것이라고 한다. 더구나 2050년에는 중국에서 65세 이상의 고령자 비율이 26.1퍼센트에 이른다는 예측도 있다. 4명 가운데 1명이 고령자인 사태가 중국에도 곧 도래할 듯하다.

인도의 인구

중국에 이은 인구 대국은 인도이다.

2008년 단계에서 인도의 인구는 11억 8,000만 명. 중국과 마찬가지로 최근 들어 경제가 급속하게 성장하면서 세계에 인도의 존재감을 나날이 알리고 있다.

더욱 특징적인 것은 중국과 달리 한 자녀 정책을 실시하고 있지 않아 인구 증가율이 중국보다 훨씬 높다는 점이다. 국제연합 인구부가 발표한 '중위 추계' 자료에 따르면, 인도의 인구는 2020년에 약 13억 6,723만 명, 2030년에 약 14억 8,460만 명, 2040년에 약 15억 6,476만 명, 2050년에 약 16억 1,380만 명까지 증가할 예정이다. 이에 따라 2025~2030년에는 중국을 웃도는 세계 최고의 인구를 보유한 나라가 될 수도 있다.

다만 인도에서도 출생률은 급속하게 저하하고 있다. 1975년 단계에서는 출생률이 5 전후였는 데 반해, 2000년에는 3 전후까지 감소했다. 나아가 2020~2030년에는 1.85 정도까지 저하할 가능성도 있다.

따라서 앞으로 인도에서도 고령화가 진행될 것이다. 현재 발전을 계속하고 있는 인도도 고령화에 대한 대처를 그르치면 그 미래에 적신호가 켜질 것이다.

세계 3위의 인구 대국

중국, 인도가 인구 대국이라는 사실은 많은 사람들이 잘 알고 있다. 그렇다면 그 뒤를 잇는 인구 대국은 어디일까? 바로 미국이다.

미국의 인구는 2008년 시점에 약 3억 1,167만 명. 미국은 인구라는 측면에서도 매우 거대한 나라인 것이다.

미국은 선진국 중에서는 드물게 출생률이 2.10으로 비교적 높은 수준을 유지하고 있다(2006년). 그러므로 앞으로 미국의 인구는 2030년에 약 3억 6,998만 명, 2050년에 약 4억 393만 명까지 증가할 가능성이 있다. 더구나 미국의 경우, 지금까지 해외로부터 들어오는 이민을 적극적으로 수용해 온 역사도 있다. 이를 고려하면, 미국의 인구가 더 증가할 가능성을 부정할 수 없다. 미국은 인구라는 점에서도 21세기의 거대 국가로 계속 존재할 것이다.

다만, 그런 미국에도 변화의 요인이 될 만한 것이 하나 있다. 바로 인종에 따른 출생률의 차이이다. 2006년의 수치에서는 백인이 1.86인 데 반해, 아프리카계가 2.11, 아시아계가 1.91, 멕시코 등 중남미 출신의 히스패닉이라고 불리는 사람들이 무려 2.96을 보였다. 따라서 백인의 비율이 점점 낮아져 결국 미국의 인구 구조에 변화가 나타날 가능성이 있다.

2008년 단계에서는 백인 약 66퍼센트, 히스패닉 약 15퍼센트, 흑인 약 14퍼센트, 아시아계 약 5퍼센트의 인구 비율을 보이고 있지만, 현재의 경향이 지속되면 2050년에는 백인의 비율이 약 46퍼센트로 감소하는 반면, 히스패닉이 약 30퍼센트, 흑인이 약 15퍼센트, 아시아계가 약 9퍼센트로 증가할 것이라는 추계도 있다. 히스패닉은 '스팽글리시'라고 불리는 독자적인 영어를 구사하는 사람도 많고 백인과는 다른 문화를 향유한다는 사실은 잘 알려져 있다. 백인이 반수 이하로 줄어 3명 가운데 1명이 히스패닉이라는 인구 구성을 이루게 되면, 미국 사회의 모습도 지금과는 상당히 달라질 것이다.

점점 감소하는 인구

그럼 일본은 어떨까?

일본의 인구는 2008년 시점에 1억 2,800만 명이다. 이는 세계 10위를 차지한다. 인구 규모로 보아도 일본은 '작은 섬나라'가 아니다.

다만, 앞으로 인구 감소가 진행될 것이다. 지금의 경향이 이어 진다면 2020년에는 약 1억 2,366만 명, 2030년에는 약 1억 1,742만 명, 2040년에는 약 1억 980만 명, 2050년에는 약 1억 166만 명까지 감소할 것으로 보인다.

아시아에서는 2030년을 전후해 필리핀에, 2040년을 전후해서는 베트남에 각각 인구수가 추월당할 것으로 예측되어(국제연합 인구부) 인구 대국이기도 한 일본의 지위가 점점 낮아질 것이다.

일본의 인구는 1950년에 1억 명이 안 되는 8,282만 명 정도였다. 그러던 것이 경제 성장과 함께 인구도 지속적으로 증가하여, 1970년에 약 1억 445만 명이 되었고 1990년에는 약 1억 2,319만 명을 기록하게 되었다.

그러나 이번에는 그 반대의 길을 걷게 될 것으로 보인다. 사회 양상도 이로 인해 크게 영향을 받는다. 일본이 지금까지 경제 대국일 수 있었던 것은 바로 인구의 규모에 있었다. 인구가 감소함에 따라 이 역시 변화를 겪게 될 것이다. 2009년에 정권을 잡은 민주당은 중점 정책으로 '자녀 수당'을 내세웠는데 이는 이와 같은 사태에 대한 위기감의 표현이다.

초고령 사회의 도래

세계의 상황에 대해 다시 이야기해 보자. 오늘날 대부분의 선진국이 저출산과 이에 따른 고령화 문제로 골머리를 앓으며 혼선을 빚고 있다.

따라서 이와 같은 고령화 문제에 대해 잠시 살펴보자.

일반적으로 65세 이상의 인구 비율인 '고령화율'이 21퍼센트 이상인 국가를 '초고령 사회'라고 부른다.

그럼 현재 초고령화 사회에 진입한 국가가 있을까? 바로 일본이 그렇다. 일본의 고령화율은 2008년 시점에 22.1퍼센트이다. 일본은 국민의 약 4.5명 당 1명이 고령자이다. 반면 인구 통계상 '어린이'로 구분되는 14세 이하의 비율은 13.5퍼센트에 불과하다. 일본은 세계 최고의 고령자 대국이다.

인류는 유사 이래 최근까지 어린이 비율이 높고 고령자 비율은 매우 낮은 상황이 일반적이었다. 오늘날의 일본은 이와는 다른 양상을 보이고 있다. 이는 실로 많은 선진국이 직면한 사회의 모습이며, 일본은 그 선두를 달리고 있는 국가이다.

일본에 이어 고령화율이 높은 국가는 이탈리아이다. 이탈리아의 고령화율은 19.9퍼센트. 얼마 지나지 않아 일본에 이어 초고령화 사회로 진입할 것이라는 예측이 나오고 있다. 이탈리아의 뒤를 잇는 고령자 대국은 독일로, 고령화율 19.5퍼센트이다.

일본	22.1%
이탈리아	19.9%
독일	19.5%
스웨덴	17.3%
프랑스	16.3%
핀란드	16.2%
영국	16.0%
미국	12.4%
한국	9.9%
중국	8.1%
인도	4.8%

주요국의 고령화율. 일본과 마찬가지로, 유럽에도 고령화율이 높은 국가가 많다.

이 밖의 유럽 선진국 역시 대부분 고령화율 14퍼센트 이상의 고령 사회이다. 고령화율은 그리스(18.5퍼센트), 벨기에(17.2퍼센트), 포르투갈(17.2퍼센트), 스페인(16.6퍼센트), 프랑스(16.3퍼센트), 영국(16.0퍼센트), 네덜란드(14.3퍼센트)의 순이다.

물론 북유럽 여러 국가도 고령화율이 높다. 스웨덴(17.3퍼센트), 핀란드(16.2퍼센트), 노르웨이(14.7퍼센트)에서 그 수치를 발표하였다.

이에 반해 미국은 12.4퍼센트로, 고령화가 그리 크게 진행되지는 않았다. 다만 그 근저에는 히스패닉 등의 높은 출생률과 이와 비교했을 때 나타나는 백인의 낮은 출생률이라는 상황이 자리하고 있어, 미래에 사회적인 혼란을 야기할 가능성이 있다는 점에 대해서는 앞에서 언급하였다.

세계에서 최고로 인구가 많은, 인구 대국인 중국은 어떨까? 2007년 시점에 고령화율이 8.1퍼센트로 나타났으므로 아직 그리 심각한 수준은 아니다. 인도는 4.8퍼센트(2001년)로 매우 낮은 수치이다. 그리고 일본과 이웃해 있는 한국은 9.9퍼센트라는 수치를 보이고 있다.

2030년의 양상

그러면 향후의 추이에 대해 살펴보자.

일본의 고령화는 더욱 진행될 것이다. 지금까지의 경향이 지속되면 고령화율은 2020년에 29.2퍼센트, 2030년에는 31.8퍼센트까지 늘어날 것으로 예측된다. 앞으로 그리 멀지 않은 미래에 국민 3명 당 1명이 고령자인 사회가 탄생할 것으로 보인다. 그때에 14세 이하의 어린이 수는 인구의 10퍼센트를 약간 넘는 정도로, 어린이가 고령자의 3분의 1밖에 되지 않는 인구 구성이 될 것이다.

인류는 지금까지 한 번도 이러한 사회를 경험해 본 일이 없다. 일본은 세계에서 누구보다 빠르게 초초고령 사회를 체험하게 되는 셈이다.

선진국 여러 국가들도 대부분 마찬가지 경향을 보일 것이다. 예를 들면 2030년의 고령화율은 독일이 28.2퍼센트, 이탈리아가 26.8퍼센트, 핀란드가 25.1퍼센트, 프랑스가 24.3퍼센트, 그리스가 24.0퍼센트, 네덜란드가 23.8퍼센트, 스페인이 22.7퍼센트, 스웨덴이 22.6퍼센트, 영국이 20.9퍼센트, 노르웨이가 20.7퍼센트를 기록할 것으로 예측된다. 고령화율은 2010년 시점과 비교해, 많은 국가에서 8포인트 이상, 적은 국가에서도 4포인트 정도 증가할 것으로 내다보고 있다.

일본과 이웃해 있는 한국이나 중국에서도 고령화가 급속하게 진행되고 있다. 2030년의 고령화율은 한국이 23.2퍼센트, 중국이 15.9퍼센트 정도 될 것으로 예측된다. 인구 초대국 중국도 2030년에는 결국 고령 사회로 진입하게 되는 것이다.

한편, 중국에 이은 인구 대국 인도는 고령화 속도가 비교적 늦어, 2030년 시점에서도 고령화율이 8.4퍼센트에 그칠 것이다. 그렇지만 7퍼센트 이상은 고령화 사회라고 하므로, 인도 역시 이 시점에서 고령화를 걱정하는 국가가 될 가능성이 높다.

북유럽과 프랑스

이처럼 고령화가 진전됨에 따라 최근 일본에

서도 위기감을 느끼고 있다. 그래서 정부나 지방 자치단체에서도 본격적으로 대책을 마련하려는 움직임을 보이고 있다.

다른 선진국을 살펴보면, 이전부터 저출산 대책을 진행해 온 결과, 그 성과가 나타나기 시작한 국가가 있다. 북유럽 여러 국가들과 프랑스가 그렇다.

이에 대해서는 여성 한 명이 일생 동안 낳는 아이 수인 '합계 특수 출생률'(=출생률)을 살펴보면 확실히 알 수 있다. 노르웨이의 출생률은 1.9(2007년). 핀란드는 1.85(2008년). 프랑스는 2.02(2008년)의 수치를 보인다. 출생률이 2.1이라는 상황이 오래 지속되면 그 국가의 인구는 증가하지도 줄지도 않는다는 '정상 상태'가 되는데, 프랑스의 출생률은 이에 가까운 수준인 것이다. 이는 일본의 1.37(2008년), 독일의 1.38(2007년)과 비교하면 훨씬 높은 수치이다.

그러나 이러한 국가들도 처음부터 출생률이 높았던 것은 아니다. 핀란드의 경우에는 1973년 시점에 출생률이 1.50이라는 수치까지 내려갔다. 일본과 달랐던 점은 이러한 사태에 위기감을 느끼고 조속히 저출산에 대한 대책을 마련했다는 점이다. 그리고 북유럽 국가들과 프랑스는 수십 년 동안 출생률을 점차 상승곡선으로 돌리기 위해 노력해 왔던 것이다.

핀란드의 저출산 대책

그럼 여기서 핀란드가 실시한 저출산 대책의 사례를 간단히 알아보겠다.

대표적인 대책으로는 우선 부모의 '출산 휴가 제도'의 도입을 들 수 있다. 핀란드에서는 출산을 전후하여 기본적으로 어머니는 105일간, 아버지도 18~30일간 유급 출산 휴가를 낼 수 있도록 했다. 여기에 덧붙여 부모 중 어느 쪽이든 상관없이 158일의 부모 휴가를 낼 수 있는 제도를 마련했다. 이 158일의 휴가기간 중에는 급료의 약 70퍼센트를 상한으로 수당이 지급된다. 게다가 태어난 아기가 쌍둥이이거나 장애가 있을 경우에는 한층 더 부모를 배려하는 휴가제도를 마련하였다.

일본에도 부모가 출산을 전후하여 육아 휴직을 할 수 있도록 제도가 마련되어 있지만 무급인 경우가 일반적이다. 그리고 육아 휴직을 한 뒤, 다시 일하던 직장에 복직하지 못하는 경우도 있어 냉대를 받는다는 보고도 있다. 핀란드와의 차이가 극명하게 드러난다.

또한 핀란드에는 '아동 수당'도 잘 운용되고 있다. 이는 부모의 소득에 상관없이 아이들이 17세가 될 때까지 지급되는 수당이다. 첫째 아이의 경우에는 월 100유로(약 14만 원 – 옮긴이), 둘째 아이는 110.5유로, 셋째 아이는 141유로, 넷째 아이는 161.5유로, 다섯째 아이부터는 182유로를 지급하고 있다.

아이 수가 늘면 지급액도 높아진다는 것을 알 수 있다. 이러한 제도를 통해 부모가 아이를 많이 갖는 것에 부담을 느끼지 않도록 유도하고 있다. 일본 민주당이 내건 '자녀 수당'은 이와 같은 북유럽이나 프랑스에서 실시되고 있는 정책을 참고한 것이다.

그리고 핀란드에서는 '네우볼라(Neuvola)'라는 출산·육아 상담소를 정비해 운영하는데 이 역시 매우 독특한 육아 지원책이다.

핀란드의 육아 지원책은 이 밖에도 여러 가지가 있는데, 이들 사례들을 살펴보면 이 나라가 아이를 잘 키우기 위한 환경 만들기를 얼마나 중요하게 여기고 있는지를 분명히 알 수 있다. 물론 이와 같은 정책을 추진하는 과정에서 시행착오도 있었겠지만 결과적으로 이와 같은 노력에 힘입어 지금은 결실을 맺고 있는 중이다.

인구가 가장 적은 국가, 바티칸

이번에는 정반대로 세계에서 가장 인구가 적은 국가에 대해 알아보자. 인구가 가장 적은 국가는 바로 바티칸이다.

바티칸은 두 가지 측면에서 살펴볼 수 있다. 하나는 가톨릭 교회의 총본산이라는 측면이다. 2007년 시점에 약 11억 4,700만 명의 신도, 약 40만 8,000명의 사제가 있기 때문에 이를 총괄하기 위해 '교황청'이라는 조직이 바티칸에 있다.

또 하나는 로마에 있는 '바티칸 시국(市國)'이라는 독립국으로서의 측면이다.

바티칸 시국의 국민으로는, 2005년 말, 58명의 추기경으로 불리는 고위 성직자, 355명의 기타 성직자, 101명의 스위스 위병, 43명의 일반 직원까지 모두 557명이 있는 것으로 알려져 있다. 또한 외무성 자료에는 2008년 9월에 791명의 국민이 있는 것으로 기록되어 있으므로, 바티칸 시국의 인구는 대략 800명 전후인 것으로 추정해 볼 수 있다. 바티칸 시국의 국가원수는 두말할 것도 없이 교황이다.

바티칸 시국에는 동전이나 우표의 발행과 판매 외에, 바티칸 미술관의 운영, 이탈리아 각지의 부동산 관리 등의 행정업무가 있으며, 이는 행정장관이 관할한다.

이와 같은 행정업무를 담당하는 직원은 모두 3,000명 내외이다. 800명 정도의 '바티칸 시국 국민'만으로는 일손이 부족하기 때문에 행정업무를 담당하는 직원 대부분이 이탈리아 주변 지역에서 출퇴근을 한다.

그리고 범죄 단속과 관련해서는 많은 관광객이 방문하는 산 피에트로 광장의 경비를 이탈리아 경찰이 맡고 있다. 그 밖의 장소에서 발생하는 범죄는 자국의 경비대가 용의자를 체포하여 바티칸 시국의 법원에서 심리를 해서 유죄인 경우에 이탈리아 경찰에 인도한다. 이러한 일련의 과정은 무솔리니 시절에 체결한 조약에 의한 것이다.

또한 바티칸에는 군대가 없기 때문에 교황의 신변이나 바티칸의 요소는 바티칸 경비를 지원한 스위스 위병이 지킨다. 이들 위병은 1527년, 프랑스와 신성로마제국 사이에 전쟁이 한창이던 때, 로마에 전쟁의 화마가 미치자 교황을 지키기 위해 나서면서부터 '교회의 자유 수호자'로서 오늘날까지 바티칸을 수호하는 역할을 담당하고 있다. 참고로, 스위스 위병을 지원하려면 '19세부터 30세까지의 미혼인 스위스 국민'이어야 하며, 로마 가톨릭 신자이고, 신장은 174센티미터 이상, 스위스에서 병역 경험이 있는 자 등의 조건을 충족해야 한다.

바티칸 시국의 수입은 동전이나 우표를 판매한 매출과 미술관 입장료, 부동산 임대료, 각국 교회에서 받은 헌금의 일부, 보유한 재산의 투자·운용에 따른 이익 등이 있다. 그 액수는 2007년에 공표된 내용에 따르면, 세입이 3억 7,197만 달러라고 하는데, 실제로는 이보다 많을 것으로 보인다.

그 밖에 인구가 적은 국가

바티칸 다음으로 인구가 적은 국가는 중부 태평양의 투발루이다.

인구는 2006년 시점에 약 9,700명. 이 국가는 주변에 산재한 작은 섬으로 구성되어 있으며, 지구 온난화가 진행되면서 해면이 계속 상승해 국토가 수몰될 우려가 나타나고 있다.

또한 투발루 다음으로 인구가 적은 국가는 역시 중부 태평양에 위치한 나우루이다. 나우루의 인구는 2006년 시점에 약 1만 100명이다.

4부

앞으로의 세계

신흥국의 급성장

　　　　지금까지 세계 정세의 기본을 이해하기 위한 9개 분야와 함께 각 분야의 상위와 하위 국가들을 키워드를 통해 알아보았다.

이제 마지막으로, 이러한 국제정세를 둘러싼 상황에 대해 간단히 정리해 보고자 한다.

현재의 국제정세 속에서 가장 커다란 변화는 신흥국이라 불리는 국가들의 두드러진 성장이다. 그 전형이 바로 중국이다. 중국은 최근 연 10퍼센트 전후의 성장률을 보이며 경제 성장을 이루고 있으며, GDP는 2050년에 미국을 추월할 가능성도 있다. 그리고 인도나 브라질, 멕시코 등도 급속한 발전을 해나가고 있다.

나아가 이와 같은 경제 발전과 함께 신흥국의 정치적인 영향력도 강화되고 있다. 특히 과거 초강대국이었던 중국은 이제 군사력을 확대하면서 동아시아에서의 패권을 노리고 있다. 예를 들어, 2007년에 미국 태평양군의 사령관이 중국 해군 간부로부터 "태평양을 둘로 나누어 하와이에서 동쪽은 미국이, 서쪽은 중국이 관리하는 체제를 만들자"는 제안을 받았다는 사실이 밝혀졌다. 물론 미국 태평양군 사령관은 언급을 회피하였지만, 분명 중국군 측에서는 미군의 의향을 떠보려는 의도도 있었을 것이다.

현재 유지되고 있는 세계 질서에서 미국이 담당하고 있는 부분도 많지만, 앞으로 중국이 이 체제에 도전할 가능성이 높아지고 있다.

이와 같은 흐름 속에서 미국의 영향력은 향후 조금씩 약화될 것이라는 의견도 나오고 있다. 미국의 경제적·정치적·군사적 우위는 서서히 약화되고, 중국을 비롯한 신흥국의 지위가 급속하게 높아질 것이라는 전망이다.

그러나 미국의 산업력은 여전히 강력하고 거대하다. 군사력 분야에서는 중국 등을 훨씬 능가하는 성능을 가진 최신예 무기를 대량으로 개발할 수 있는 능력을 가지고 있어, 21세기에 미국의 우위를 뒤집을 수는 없을 것이라는 주장을 펴는 전문가도 있다. 그래서 미국의 영향력은 앞으로도 최강의 자리를 지켜갈 것이라는 의견이 지배적이다.

그렇지만 전체적인 경향을 보면, 지금까지 세계에서 중심적인 역할을 담당해 온 선진국의 존재감이 점차 줄어들고, 신흥국의 동향이 세계에 큰 영향을 주는 방향으로 나아가고 있는 것은 분명하다.

EU와 다국적 기업

국제정세를 살펴보는 데 국가 이외의 주체가 가진 영향력도 무시할 수 없다.

커다란 주체라면 뭐니 뭐니 해도 초국가 기관인 EU(유럽 연합)의 존재를 빼놓을 수 없다.

돌이켜보면 EU는 유럽 지역 내의 경제 협력을 목적으로 한 국제적인 노력에서 시작되었다. 구체적으로는 제2차 세계대전 후에 독일과 프랑스가 석탄과 철강 생산에서 상호 협력을 위해 조직한 '유럽 석탄 철강 공동체'가 성공을 거두었고, 이 과정에서 형성된 협력체가 점차 확대되었다.

현재 EU가 관리하는 영역은 크게 확대되어 행정이나 사법, 나아가 군사 면에서도 통일된 행동이 추진되고 있다. 이러한 흐름은

21세기를 특징짓는 요소 중 하나라고 할 수 있을 것이다.

또한 다국적 기업이 있다.

다국적 기업은 문자 그대로 여러 국가에 본거지를 마련한 거대 기업체로, 다국적 기업의 매출 규모는 작은 국가의 수입 혹은 GDP를 크게 웃돈다. 예를 들어 2009년에 미국의 잡지 《포춘》의 순위에서 매출 세계 1위로 이름을 올린 로열 더치 쉘이라는 석유 회사는 그 매출액이 약 4,600억 달러, 이익이 약 260억 달러에 이른다.

매출액이 4,600억 달러라는 수치는 2009년도 일본 정부의 세수(稅收)를 웃도는 규모이다. 다국적 기업이 얼마나 큰 경제 주체인지를 알 수 있는 대목이다. 이러한 다국적 기업의 동향도 국제정세에 적지 않은 영향을 주고 있다.

아프리카 등의 개발도상국에서는 종종 정부가 무너지기도 하지만, 그 배경에 구미의 자원 관련 기업들이 반정부 게릴라에게 지원을 했기 때문에 가능했다는 기사가 지면을 장식하는 경우가 있다. 이는 다국적 기업의 영향력이 얼마나 큰지를 보여주는 증거이기도 하다.

국제기관과 NGO

　　　　　　최근 국제정세는 국제기관이나 NGO의 영향력도 무시할 수 없게 되었다.

예를 들어 '국제 형사 재판소(ICC)'라는 기관이 있다.

이 기관은 국제적인 사법 기관으로서 국제 분쟁을 조정하는 '국제 사법 재판소', 해양에 관한 국제 분쟁을 해결하기 위한 '국제 해양법 재판소' 등과 같은 조직을 갖추고 있다. ICC는 전쟁 범죄나 인도주의와 관련한 범죄 등 국제 범죄를 재판하기 위해 설치된 상설 사법 기관이다.

ICC에서는 경우에 따라 한 나라의 국가원수라고 해도 그에 대한 체포영장을 발부하는 경우가 있다. 실제로 2009년에 아프리카 수단의 다르푸르에서 정부가 관여한 것으로 보이는 집단 살해 사건이 일어났는데, 이때 수단의 오마르 바시르 대통령에게 체포영장이 발부되었다.

현실적으로 오마르 바시르 대통령이 수단 국내에 머무는 한 체포되는 일은 없을 것이다. 그러나 국외로 나왔을 때에는 체포될 수도 있다. 국제기관인 ICC는 그 정도의 권한을 국제 사회로부터 부여받았다.

각국의 여론을 이끌기도 하고, 관련 국가의 정상들이 모이는 국제 회의에 영향을 미치기도 한다는 점에서 NGO의 존재감도 커지고 있다.

　NGO는 선진국의 시민들이 주체가 되어 자신들의 주장을 국내에서 혹은 국제적으로 실현하기 위해 활동하는 조직이다. 최근에는 NGO가 국제적인 제도를 마련하고 나아가 중요한 역할을 담당하는 경우가 종종 부각되고 있다.

　예를 들어 1997년에는 '대인지뢰 금지조약'을 만들어 각국 정부 수반의 서명을 받아냈다. 그 배경에는 전쟁이나 내전으로 설치된 대인지뢰가 전쟁이나 내전이 끝난 뒤에도 오랫동안 개발도상국 사람들의 생활을 파괴하고 있는 상황을 개선하려는 NGO의 적극적인 뒷받침이 있었다.

　NGO 활동가들은 대인지뢰 금지에 긍정적인 국가의 정부 담당자를 찾아가, 대인지뢰 금지조약을 마련하는 데에 리더십을 발휘하도록 끈질기게 그리고 강력하게 그들을 설득하였다. 또한 각국의 NGO와 연대하여 각국 내에서 대인지뢰를 없애기 위한 대규모 캠페인을 전개하였다.

　그 결과, 대인지뢰 사용을 금지하는 조약이 성립될 수 있었다. 이 조약에 미국 등 많은 군사 대국이 참여하지 않았다는 문제점도 있지만, NGO가 대인지뢰라는 위험한 무기를 세계에서 사라지게 하기 위한 중요한 계기를 제공하였다는 사실은 분명하다.

　이처럼 NGO가 국제적인 제도를 만들어 내거나 변화를 가져오는 사례는 점차 증가하고 있다.

테러 조직의 활동

국제정세에 영향을 주는 것으로, 최근 '테러 조직'이라는 새로운 주체가 주목받고 있다.

테러 조직들은 국가와 같은 큰 주체는 아니다. 그러나 '9·11 동시 다발 테러'가 발생한 뒤, 당시 부시 미국 대통령이 '전쟁'을 선언하였을 정도로 국가와 많은 사람들에게 막대한 피해를 초래하는 존재이다.

국가와 달리, 테러 조직은 쉽게 잡히지 않는다는 특징이 있다. 예를 들어 '9·11 동시 다발 테러'와 관련이 깊은 테러 조직인 '알 카에다'는 중앙 기관이 없고 말단 조직이나 사람들이 느슨한 연대를 맺으면서 그 활동 영역을 넓혀가는 아메바와 같은 집단으로 보인다. 그래서 아무리 미국이라도 대량의 군대를 동원하여 순식간에 적을 제거하는 기존의 군사 행동으로는 이들을 제압하기가 어려워지고 있다.

현재 미국 정부가 가장 우려하는 사태 가운데 하나는 테러 조직이 핵폭탄을 손에 넣어 뉴욕이나 워싱턴을 비롯한 미국 국내 혹은 도쿄나 유럽의 주요 도시들을 공격해 폭발시키는 일이다.

이와 관련해서, 미국의 컨설턴트 회사의 간부인 조지 울리치라
는 인물이, 워싱턴 상공에서 히로시마 원폭의 3분의 2 정도 위력
을 가진 원폭이 테러로 인해 야간에 폭발하였다는 가정을 상정하
여 그 피해를 시뮬레이션 해보고 그 결과를 발표하였다. 이 발표
에 따르면, 폭심지를 중심으로 반경 1~1.5킬로미터 지역은 불바
다가 되어 목조 가옥은 전멸하고, 그 밖의 많은 건물도 파괴된다
고 한다. 또한 약 2만 5,000명의 사망자, 약 7만 5,000명의 부상자
가 나올 것으로 추정하였다. 다만 이는 야간에 발생한 테러일 경
우를 상정한 것으로, 핵 테러가 주간에 발생하면 그 피해는 10배
이상이 될 수도 있다.

미국 오바마 정권은 특히 이 문제에 대해 위기감을 느끼고,
2010년 4월에 관련 47개국의 정상을 워싱턴에 초빙하여 '핵 안전
보장 정상회의'를 개최했을 정도이다. 이 정상회의에서는 핵 물질
관리 태세를 2014년까지 확립한다는 공동성명을 내놓았다.

이처럼 미국을 비롯한 선진 각국에서는 핵무기나 핵 물질이 테
러리스트의 손에 들어가는 것을 크게 우려하면서 이를 방지하기
위해 노력을 기울이고 있다. 그러나 만일 실제로 이와 같은 사태
가 발생한다면 어떻게 될까? 테러 조직의 활동은 결코 우리와 무
관하지 않다.

세계적인 난제의 출현

이와 같은 국제정세 속에서 한 나라의 힘만으로는 해결할 수 없는 문제도 증가하고 있다.

예를 들어 그 전형이 바로 지구 온난화 문제이다.

최근, 산업혁명 이래 이산화탄소 등 온실 효과 가스의 배출량이 급증하면서 지구 온난화의 주요 원인으로 떠올랐다. 이 때문에 온실 효과 가스의 배출량 감소가 절실해지고 있지만, 이는 한 나라의 힘만으로 해결할 수 있는 문제가 아니다.

온실 효과 가스의 배출량이 가장 많은 중국과 2위인 미국, 이 두 나라가 각각 세계 배출량의 약 20퍼센트씩을 차지하고 있다. 선진국에서만, 혹은 중국에서만 온실 효과 가스의 배출량을 줄인다고 해서 전체 배출량이 줄어들지는 않는다. 전세계적으로 규제가 필요한 것이다. 그리고 이를 위해서는 효과가 분명하고 또한 각국이 합의할 수 있는 규제책을 마련해야만 한다. 이는 결코 한 나라의 노력만으로는 해결이 불가능한 일이다.

그리고 그 영역도 확대되고 있다.

최근 국제정세는 국가가 압도적인 존재였던 지금까지의 상황과 달리 조금씩 변화하고 있다. 물론 국제정세에서 국가의 역할이 크다는 것 자체는 변하지 않겠지만, 국가 이외의 주체 또한 존재감이 서서히 커지고 있다는 것도 분명한 사실이다.

동아시아의 커다란 난제

이와 같은 상황 속에서 우리가 살고 있는 동아시아 국가 및 지역은 지금 해결이 무척이나 까다로운 문제에 직면해 있다.

그것은 바로 '저출산 고령화'라는 인구 문제이다. 인구 문제에 대해서는 9장에서도 소개하였지만, 사회의 저출산 고령화가 진행되면 그 나라의 재정은 어려움을 겪게 되어 경제 전체의 활기도 떨어질 가능성이 높아진다.

그러나 출생률이라는 것은 아무런 노력도 하지 않는데 높아질 리가 없다. 출생률을 높이려는 사회 전체의 노력이 절실한 것이다.

출생률 증가를 위해 노력을 기울이고자 한다면, 출생률을 저하시키는 이유를 분명하게 분석할 필요가 있다.

예를 들어 일본의 현 상황을 살펴보면, 최근 출생률이 저하하는 가장 큰 이유는 부부가 아이를 갖지 않아서가 아니라, 결혼 연령이 높아지고 또한 결혼 자체를 하지 않는 경우가 많아졌기 때문이다.

한국의 출생률 저하의 원인도 이와 비슷한 측면을 가지고 있는 것으로 보인다. 물론 한국 사회 특유의 다른 요소가 있는지 검증이 필요하기는 하지만, 일본과 비슷한 요소가 많은 것은 분명하지 않을까 싶다.

이러한 점들에 대한 검증을 통해, 이미 결혼한 사람들이 더 많

은 아이들을 가질 수 있도록 돕는 정책을 마련하는 일도 중요하
다. 아이를 낳은 여성이 일하기 좋은 사회, 일하고 싶어지는 사회
를 만드는 일이 앞으로 해결해야 할 커다란 과제임이 분명하다.

또한 국내의 중견 혹은 젊은 층이 줄고 있는 점에 대한 대책과
함께, 고령자나 수준 높은 기능을 가진 외국인 노동자가 그 재능
을 실릴 수 있는 환경을 만들어가는 것도 중요하다.

영국의 수상이었던 토니 블레어는 1997년에 수상으로 취임한
직후 가진 기자회견에서 "우선해야 할 정책을 세 가지 들어 주십
시오"라는 기자의 질문에, "교육, 교육, 그리고 교육입니다"라고
답하였다. 물론 우리 동아시아 국가·지역 역시 이 문제는 매우 중
요하다. 나아가 우리의 경우에는 "인구, 인구, 그리고 인구"라고
말할 정도로, 저출산 고령화 문제, 인구 문제에 대한 대안은 무엇
보다 급선무이다.

해외로 눈을 돌려라

마지막으로, 독자 여러분께 한 가지 전하
고 싶은 말이 있다.

그것은 바깥 세계에 눈을 돌려 관심을 갖는 일의 중요성이다.

현재, 한국의 많은 젊은이가 외국에 관심을 갖고 미국의 대학

등에 진학하고 있다는 보도를 접했다. 이는 어떤 의미에서 매우 중요한 일이다.

해외에 유학한 학생들은 청춘을 보낸 미국에서 미국인이나 각국에서 온 유학생들과 친구가 되어 평생을 이어갈 관계를 맺는다. 또한 사회로 진출했을 때, 유학 시절의 친구들로부터 얻은 정보나 인맥 등이 일을 해나가는 데 크게 도움이 되는 경우도 적지 않다. 이와 같은 인간관계는 그들의 일이나 사고방식, 혹은 인생 그 자체에 넓은 품을 가져다준다.

물론 유학이라는 형태만이 유일한 선택 방법은 아니다. 다만 어느 쪽이든 해외로 나가서 그곳의 문화나 환경을 접하여 이질적인 사람들의 사고방식을 이해해 가는 일은 무엇보다 중요한 일이다.

사적인 얘기이지만, 나 역시 해외로 나감으로써 다양한 배움의 기회를 얻었다. 예를 들면, 런던에서 유스호스텔에 머물면서 많은 것을 느낄 수 있었다. 그곳에서 만난 각국에서 온 대학생들과 밤에 자국의 정치 정세에서부터 가까운 곳에서 개최되고 있는 그림 전시회 이야기까지 폭넓은 화제에 대해 '빠른' 어조의 영어로 주고받았을 때. 그리고 그 유스호스텔 가까운 곳에 있는 템즈 강가의 길에서 고대 이집트의 오벨리스크가 세워져 있는 것을 보았을 때. 1989년 12월, 혁명으로 사회주의 정권이 무너진 직후의 동유럽에서 새로운 정권에 대한 사람들의 뜨거운 기대를 느꼈을 때.

상하이 푸동(浦東)은 2010년 상하이 만국 박람회 개최지였던 지역인데, 이곳의 광활한 빈터를 건설용 중장비들이 돌아다니고 있는 것을 직접 보았을 때. 서울에서 홈스테이를 하였을 때, 친해진 그 댁의 남자 고등학생의 예의 바름과 유창한 영어 실력에 신세대 한국인의 한 전형을 보는 듯하였을 때. 베트남에 가서 현지 사람들의 근면함, 늠름함, 그리고 강인한 정신력을 실감하였을 때. 날이 저물 무렵, 갠지스 강 수면 위를 무수한 작은 배들이 오가는 모습을 보았을 때. 탄자니아에서 알게 된 마사이 족 청년이 "나의 미래의 꿈은 (부의 상징인) 염소를 아주 많이 갖는 것"이라고 눈을 반짝이며 영어로 말하는 것을 들었을 때. 이탈리아 각지에 있는 역사적인 대 건축물을 실제로 눈앞에서 보았을 때. 스페인에 있는 옛 세계 제국 시절의 항구가 지금은 보통의 그저 그런 항구로만 느껴졌을 때. 시베리아의 인적 드문 삼림지대에서 몇 년 동안이나 호랑이를 연구하고 있는 영국인 젊은 연구자들을 만났을 때. 이처럼 다양한 곳에서의 경험, 그리고 알게 된 것의 대부분은 실제로 그 장소에 있었기 때문에 얻을 수 있는 것이었다.

누구에게나 이러한 체험은 지금 세계를 살아가는 데에 매우 소중한 것이라고 생각한다.

바깥 세계에 눈을 돌려 관심을 갖지 않는 자에게는 분명 바깥 세계에서 다가오는 변화의 파도에 농락당할 날이 올 것이다. 자기

만족이나 자기 연민에만 빠져 있다면, 외부로부터 변화의 파도가 들이닥칠 때 그 파도에 휩쓸려 떠내려가게 될 것이다. 바깥 세계에 눈을 돌려 직접 바깥 세계로 나가봄으로써 그 변화를 예측할 수 있으며 또한 그 변화에 당당히 맞설 수 있게 될 것이다. 이는 국가에게만 적용되는 이야기가 아니다. 우리 자신도 마찬가지이다.

앞으로 세계는 더욱 변화의 속도를 올릴 것이다.

따라서 앞으로 동아시아와 세계, 그리고 우리 자신이 희망과 번영으로 가득한 시대를 맞이하게 될지, 아니면 오히려 위기와 고통으로 가득한 시대를 살게 될지는 바로 우리에게 달렸다.

우리는 우리를 에워싸고 있는 세계의 현상을 이해하고, 나아가 밀어닥치는 많은 난제에 대처해 나아가야만 한다. 바야흐로 우리의 지식과 통찰력, 신념과 인내가 시험대에 오르는 시대가 다가오고 있다. 그러므로 외부 세계를 향해 눈을 열어놓는 일은 오늘의 우리에게 무엇보다 중요하다.

세계 정세를 각 분야별로 상위와 하위 국가들을 살펴보는 가운데, 그 사이에 커다란 격차가 엄연히 존재하고 있음을 확인시켜 주는 책이었습니다.

누군가는 세계 1위 국가와 최하위 국가를 굳이 구분지어 이야기하는 이유가 무엇이냐는 질문을 던질 수도 있습니다. 이에 부족하나마 대답이 될지 모르지만 대답을 해보려고 합니다.

어쨌든 저자는 세계 1위 국가와 최하위 국가에 대해 GDP, 세금, 군사력, 석유 및 천연가스 등의 자원, 빈곤률, 식량 자급률, 진학률, 면적, 인구 등을 키워드로, 세계의 정치, 경제, 사회 등 각 분야별로 현재의 국제 상황을 구체적인 수치와 함께 자세히 소개하였습니다.

각 분야별로 장을 나누어 설명을 하지만 이들 내용은 제각각 분리된 것이 아니라 유기적으로 연계되어 있습니다. 넓은 면적과 많은 인구, 그리고 천연자원을 보유하고 있어 높은 GDP와 풍족한 세금, 막강한 군사력, 넉넉한 식량 자급률, 낮은 빈곤률과 중간 이상의 진학률 등 이 모든 조건을 갖추고 소위 세계 1위 국가로 불리는 국가가 있는가 하면, 중간 정도의 고른 분포로 중위권을 유지하는 국가도 있고, 한정된 조건만을 충족시켜 심한 불균형과 격심한 외부 간섭으로 오히려 최하위권을 면치 못하는 국가도 있습니다. 저자는 이런 부족한 부분을 충족시켜 어떻게 해서든 상위권으로 부상하자는 의도로 이 글을 저술한 것으로 보이지는 않습니다.

이 세계를 살아가는 국가들 중에서 여건이 좋은 국가, 그렇지 못한 국가를 찾아 확인해 보고, 그리고 이런 저런 불균형을 해소할 방법을 고심하면서 공감을 이끌어 채워갈 부분을 찾아보자는 것으로 보입니다. 막연히 "이 나라가 이런 여건 속에 놓여 있구나" 하는 인식 정도에서 머무는 것이 아니라, 구체적인 자료와 수치를 통해 막연함을 벗고 더욱 분명하게 인식할 수 있도록 이끄는 것입니다. 막연하면 상대방이 잘 보이지 않습니다. 그러나 상대방이 구체적 존재감을 갖기 시작하면 인식이 분명해져 그에 대한 관심이 상승합니다. 상대방을 내 인식의 영역 안으로 이끌어 공감하고 지지하게 되는 것입니다.

세계 여러 곳에 자리한 불균형을 해소하기 위한 노력은 내부적인 노력이 우선하겠지만, 외부의 지원이 없으면 더 나은 결과를 이끌어내지 못하는 경우도 많습니다. 구체적인 자료와 수치를 제시함으로써 막연한 동정이나 걱정을 넘어, 조금은 풍족한 생활을 하고 있는 세계인이 그렇지 못한 생활을 하고 있는 세계인을 위해 무엇을 할 수 있을지 구체적으로 생각해 보게 하는, 실천 욕구를 자극하는 역할을 하기도 합니다.

이처럼 세계의 1위 국가와 작은 국가, 최하위 국가를 대비해 보면서 세계의 움직임을 읽고 세계 구성원의 역할까지도 생각해 보게 합니다.

저자는 독자에게 보내는 메시지에서 시각을 국내에만 두지 말고 바깥 세계에도 돌려보라고 조언합니다. 세계의 움직임에 관심을 갖고, 다가올 미래를 위해 필요한 통찰력과 지혜를 기르도록 당부합니다.

이 세계를 구성하는 국가들 간에는 원하든 원치 않든, 위에서 제시한 키워드 분야에서 크고 작은 격차가 존재합니다. 세계 1위와 최하위 국가에 대해 살펴봄으로써 지금 세계의 흐름이 어떤지를 알 수 있어서, 구체적인 상황 인식에 많은 도움이 되었습니다. 현 상황이 어떤지를 알게 되니 앞으로 다가올 일들에 대해서도 생각해 보게 됩니다. 저자의 의도는 바로 여기에 있었던 것이 아닐까요? 넓은 시야를 갖고 현재를, 그리고 미래를 직시하자는.

이언숙

朝雲新聞社 編集局編《防衛ハンドブック　平成22年度版》朝雲新聞社

アスペクトブータン取材班《幸福王國ブーンの知慧》アスペクト

足立力也《平和ってなんだろう ― ‘軍隊をすてた国’ コスタリカから考える》岩波ジュニ
　　ア新書

阿部彩《子どもの貧困 ― 日本の不公平を考える》岩波新書

有賀夏紀·油井大三郎 編《アメリカの歷史》有斐閣アルマ

アンガス·マディソン《經濟統計で見る世界經濟2000年史》柏書房

池上彰《大衝突 ― 巨大國家群·對決の行方》集英社

池上彰《ニッポン, ほんとに格差社會? ― 最新デ─タから見えてくる‘日本の常識’ウソ,
　　ホント30問》小學館

ウイリアム·イースタリー《エコノミスト 南の貧困と闘う》東洋經濟新報社

江畑謙介《〈新版〉米軍再編》ビジネス社

大泉啓一郎《老いてゆくアジア》中公新書

大前研一《東歐チャンス》小學館

落合淳思《古代中國の虛像と實像》講談社現代新書

菅正廣《マイクロファイナンス》中公新書

グレゴリ·クラーク《10萬年の世界經濟史》(上)(下) 日經BP社

國立社會保障·人口問題研究所　編《社會保障制度改革 ― 日本と諸外國の選擇》
　　東京大學出版會

小峰隆夫·日本經濟研究センタ─　編《超長期豫測 老いるアジア ― 變貌する世界人
　　口·經濟地圖》日本經濟新聞出版社

(財) 矢野恒太紀念會 編集·發行《世界國勢圖會 2009/2010年版》

佐野陽子《ドバイのまちづくり ― 地域開發の知慧と發想》慶應義塾大學出版會

ジェフリー・サックス《地球全體を幸福にする經濟學 ― 過密化する世界とグロー
　　バル・ゴール》早川書房
ジェフリー・サックス《貧困の終焉 ― 2050年までに世界を變える》早川書房
ジェレミー・ジーブルック《世界の貧困 ― 1日1ドルで暮らす人びと》青土社
柴田明夫《食糧爭奪 ― 日本の食が世界から取り殘される日》日本經濟新聞出版社
島崎治道《食料自給率100パーセントを目ざさない國に未來はない》集英社新書
ジョージ・フリードマン《100年豫測 ― 世界最強のインテリジェンス企業が示す未來覇
　　權地圖》早川書房
末松廣行《食料自給率の'なぜ?' ― どうして低いといけないのか?》扶桑社新書
鈴木宣弘《現代の食料・農業問題 ― 誤解から打開へ》創森社
瀨川幸一 編《石油がわかれば世界が讀める》朝日新書
田岡俊次《北朝鮮・中國はどれだけ恐いか》朝日新書
高橋和・臼井陽一郎・浪岡新太郎《擴大EU辭典》小學館
田中義晧《世界の小國 ― ミニ國家の生き殘り戰略》講談社選書メチエ
地位協定研究會 編《日米地位協定逐條批判》新日本出版社
チャールズ・ビーアド 他《新版アメリカ合衆國史》岩波書店
チャルマーズ・ジョンソン《アメリカ帝國の悲劇》文藝春秋
陳舜臣中國ライブラリー 別卷《中國五千年史地圖年表》集英社
トーマス・ラインズ《貧困の正體》青土社
土肥恒之《ロシア・ロマノフ王朝の大地》講談社
中津孝司《クレムリンのエネルギー資源戰略》同文館出版
中村覺 編著《サウジアラビアを知るための65章》明石書店
日本經濟新聞社 編《人口が變える世界》日本經濟新聞社
農林水産省 編《平成21年版 食料・農業・農村白書》佐伯印刷
秦野るり子《バチカン ― ミステリアスな'神に仕える國'》中公新書ラクレ
浜田和幸《石油の支配者》文春新書
日高義樹《アメリカの新國家戰略が日本を襲う》德間書店
日高義樹《米中冷戰の始まりを知らない日本人》德間書店
藤和彦《石油を讀む》日經文庫
防衛省 編《平成21年版 日本の防衛 ― 防衛白書 ―》ぎょうせい
ポール・コリアー《最低邊の10億人 ― 最も貧しい國々のために本当になずべきことは
　　何か?》日經BP社

ミヒャエル・シュテュルマー《プーチンと甦るロシア》白水社
茂木源人《繪で見る石油ビジネスのしくみ》日本能率協會マネジメントセンター
湯淺赳男《文明の人口史 — 人類と環境との衝突, 一萬年史》新評論
油井大三郎《好戰の共和國 アメリカ — 戰爭の記憶をたどる》岩波新書
ロデリック・ライン, ストローブ・タルボット《プーチンのロシア》日本經濟新聞社
ロバート・ゲスト《アフリカ 苦惱する大陸》東洋經濟新報社
渡邊久子・トゥーラ タンミネン・高橋睦子《子どもと家族にやさしい社會 フィンラン
　　ド — 未來へのいのちを育む》明石書店
《朝日新聞》《日本經濟新聞》《讀賣新聞》《뉴스위크 일본판》각 호

외무성 홈페이지 http://www.mofa.go.jp/mofaj/
농림수산성 홈페이지 http://www.maff.go.jp/
Department of Defense, Quadrennial Defense Review Report, February 2010
OECD, Agricultural Policies in OECD Countries 2009: Monitoring and
　　Evaluation
OECD, DELSA/ELSA/WD/SEM(2009)20
OECD, Growing Unequal?: Income Distribution and Poverty in OECD Countries
UNDP, Human Development Report 2009
UNESCO, GLOBAL EDUCATION DIGEST 2009: Comparing Education Statistics
　　Across the World
United Nations Population Division, World Population Prospects: The 2008
　　Revision
U. S. Census Bureau, Historical Estimates of World Population
World Bank, World Development Indicators 2008